EL LIBRO DE LAS PIEDRAS QUE CURAN
Sabiduría divina sobre la utilidad de las gemas

SANTA HILDEGARDA DE BINGUEN

EL LIBRO DE LAS PIEDRAS QUE CURAN

SABIDURÍA DIVINA SOBRE LA UTILIDAD DE LAS GEMAS

Edición preparada por José María Sánchez de Toca,
incluyendo traducción y comentarios del
Libro IV de la *Physica* de Santa Hildegarda,
traducido del latín por Rafael Renedo Hijarrubia

LIBROSLIBRES

LIBROSLIBRES
Edificio Alcovega
Carretera de Fuencarral, 14
Bloque 1. Oficina F-8.
28108 Alcobendas (Madrid)
Teléfono: 91 594 09 22
correo@libroslibres.com
www.libroslibres.com

Diseño de cubierta: Rudesindo de la Fuente

Primera edición: octubre de 2012

Depósito Legal: M-30815-2012
ISBN: 978-84-15570-03-5

Composición: Francisco J. Arellano
Impresión: Cofás
Impreso en España — Printed in Spain

ÍNDICE

No solo de pan vive el hombre,
sino de toda palabra
que sale de la boca de Dios.
Mt 4,4

AGRADECIMIENTOS

A Santa Hildegarda de Binguen, a la que después de ocho siglos empezamos a hacer caso.

Al monje Fólmar y la monja Ricarda que copiaron sus dictados, a Jacques-Paul Migne que los publicó, al Papa Juan Pablo II que promovió el octavo centenario, y al Papa Benedicto XVI que la ha puesto en el catálogo de los santos y la ha hecho doctora de la Iglesia.

Al Seminario de Sigüenza, Manuel María Echarte S.I., Luis Basabe de la Universidad del País Vasco (q.e.p.d) y Rafael del Amo, que en distintos momentos y lugares nos facilitaron los textos de Santa Hildegarda.

A los doctores Gottfried Hertzka, Wighard Strehlow y Michael Gienger, así como a Helmut Posch, que redescubrieron los remedios hildegardianos, los investigaron y nos los acercaron a todos.

A Rafael Renedo Hijarrubia, primer traductor español de la *Physica* de Santa Hildegarda y de la mayoría de sus obras, creador de Hildegardiana, primer estudioso español de la este Libro IV y autor de las fotografías.

A Fernando Pérez de Lema, perfectamente trilingüe, que ha resuelto nuestras dificultades con los términos germánicos más antiguos.

A María Gracia Sánchez de Toca, que ha revisado nuestros comentarios.

A toda la buena gente que nos ha ayudado, estimulado y arropado en esta empresa, a quienes lo lean y a quienes quieran transmitirnos sus experiencias,

A todos, la amistad y la gratitud de

Hildegardiana,
el grupo de amigos que nos esforzamos
en dar a conocer a Santa Hildegarda

INTRODUCCIÓN

Hace 850 años, una monja benedictina alemana que estaba invadida por la Luz Viva del Espíritu Santo, dejó escritas para nosotros la utilidad de las criaturas más corrientes –vegetales, animales y minerales- en un Tratado que se ha venido a llamar *Physica de Santa Hildegarda.*

Este libro es la primera traducción española, comentada y anotada, del Libro Cuarto de la «*Physica*» de Santa Hildegarda de Binguen, que recoge y explica la utilidad para el hombre y las virtudes curativas de una veintena larga de piedras preciosas que, a pesar de sus nombres prestigiosos, son todas asequibles y nada onerosas.

Se trata de mostrar remedios sencillos a quienes tienen problemas de salud, para lo cual hemos analizado el original latino y cotejado la traducción con lapidarios antiguos y modernos, especialmente con los trabajos de los doctores Hertzka, Strehlow y Gienger, pioneros de la medicina hildegardiana.

Pero como no hay dos piedras iguales y cada ser humano reacciona según su constitución y naturaleza, nadie puede garantizar su eficacia en cada caso concreto.

Por eso, si usted está enfermo, vaya al médico, porque su opinión profesional es irremplazable, y rece por él como manda la Sagrada Escritura. Si tiene problemas serios de salud, vaya cuanto antes a verle porque ningún libro puede sustituirlo.

Pero si lo que usted tiene son dolorcillos o molestias, y va a pasar algún tiempo hasta que reciba atención facultativa, pruebe mientras con estas piedras, que son inocuas y pueden ayudarle a resolver problemas que no haya logrado solucionar por otros medios. Pruébelas antes de someterse a operaciones quirúrgicas, que a veces son terribles y siempre son agresivas.

Este libro no reemplaza al médico y no sustituye a las medicinas, pero sus consejos han mejorado radicalmente la calidad de vida de muchos pacientes. Aquí puede encontrar la solución de algún problema de salud, viejo o nuevo, y en tal caso, habrá valido la pena probar.

El saber de Santa Hildegarda

Las obras de Santa Hildegarda están llenas de afirmaciones asombrosas que revelan un conocimiento de la realidad física muy avanzado para su época, el siglo XII. Al comienzo de sus obras principales Hildegarda deja bien claro que a los 43 años le invadió la Luz Viva, el Espíritu Santo, que le estuvo dictando durante décadas varios libros sin dejarle poner una sola palabra de su cosecha. Santa Hildegarda ha dejado escrito repetidas veces que carecía de instrucción y que solamente le habían enseñado el Salterio (la recitación de los salmos), para el cual era necesario saber leer y escribir.

Pero como esto resulta inexplicable, inaceptable e increíble para determinados críticos, buscan otras explicaciones y le atribuyen grandes dotes naturales, una extensa cultura (eso dice el propio Benedicto XVI), experiencia científica, práctica médica, y una gran capacidad de absorción del legado científico de su tiempo y de la sabiduría popular alemana. Ahora bien, esas explicaciones cientifistas no resisten el cotejo con las fuentes históricas, que son abundantes y unánimes. En buena crítica histórica, si alguien quiere contradecir a lo que dicen las fuentes coetáneas, antes tendrá que demostrar que son falsas, y eso es imposible porque las fuentes proceden del propio *scriptorium* del monasterio que regía Santa Hildegarda. En realidad, lo único que puede oponerse a las fuentes históricas de Santa Hildegarda son nuestros prejuicios contemporáneos.

LA FÍSICA DE SANTA HILDEGARDA

Desde los cuarenta y tres años de edad, Santa Hildegarda recibió del Espíritu Santo, la Luz Viva, tres obras importantes cuyos dictados duraron respectivamente diez años (*Scivias*), cinco años (*Vitae Meritorum*) y ocho años (*Divinorum Operum*). En el intervalo entre los dos primeros dictados, recibió además interiormente vidas de santos y piezas musicales, una lengua desconocida, otras obras menores y sostuvo una copiosa correspondencia, además de una gran obra de medicina que tradicionalmente se ha separado en dos partes: un libro médico para profesionales de la salud, «Causas y remedios de las enfermedades», (*Liber Causae et Curae)*, y un libro de divulgación para profanos, la Física (*Physica),* que trata de la utilidad para el hombre de las cosas creadas más corrientes.

La Física expone, desde el punto de vista divino, las características, valor dietético y uso medicinal de algo más de medio millar de animales, vegetales y minerales, agrupados a grandes rasgos y sin las precisiones científicas de hoy (por ejemplo, la ballena está con los peces como criatura acuática que es) en nueve libros, de los cuales el más cuantioso es el Libro Primero sobre hierbas, que contiene 213 plantas, a las que habría que añadir los 57 árboles del Libro Tercero.

El Libro Cuarto, dedicado a las piedras, y más concretamente a las piedras preciosas y semipreciosas, solo se ocupa de 25 piedras porque las demás, dice, valen poco para medicina. El libro constituye en realidad un lapidario.

LAPIDARIOS

La creencia humana en la eficacia medicinal de las piedras es muy antigua y ya la recogió en un tratado Teofrasto (327-287 a.C.), discípulo de Aristóteles, y primer historiador de la Ciencia, aunque seguramente no era el primero en hacerlo y trabajaba sobre textos más antiguos[1]. Teofrasto solo se ocupó de las 16 piedras a las que reconocía «capaci-

[1] Theofrastus: *On Stones,* Columbus (Ohio): Columbia University, 1956.

dad de actuar sobre otras materias». El tratado «De las piedras» de Teofrasto, es el primer lapidario de Occidente.

La Biblia menciona en varias ocasiones las piedras preciosas, especialmente al describir el efod, el pectoral del Sumo Sacerdote al oficiar, que llevaba doce piedras que representaban a las doce tribus. En diversos épocas se ha tratado de identificar qué piedras corresponderían a los doce nombres hebreos que menciona la Biblia; lo procuraron los Setenta traductores de Alejandría, lo procuró San Jerónimo, y se sigue procurando hoy con resultados ligeramente dispares, lo que conviene tener presente para no tomar como definitivo y perfectamente sabido algo que, como traducción que es, nunca es muy segura.

En el Nuevo Testamento, el Apocalipsis de San Juan dice que la futura Jerusalén Celestial[2] tendrá las murallas de jaspe y que los cimientos de la ciudad están adornados con piedras preciosas que enumera correlativamente: jaspe, zafiro, calcedonia, esmeralda, sardónice, cornalina, crisólito, berilo, topacio, crisoprasa, jacinto y amatista. San Juan dice también que las doce puertas estaban hechas cada una con una sola perla. Por esa misma época, un almirante romano de infatigable curiosidad, Cayo Plinio Segundo, llamado *Plinio el Viejo*, impenitente recolector de noticias sobre la Naturaleza, curiosidad que le costó la vida en la erupción del Vesubio cuando estaba al mando de la flota romana, escribió también un lapidario que es una obra maestra de la literatura científica y un libro de divulgación muy legible porque está salpicado de anécdotas.

Entre Aristóteles y Plinio hubo en Occidente no menos de siete lapidarios; y de Plinio en adelante, otros diez más hasta Gaspar de Morales en tiempos de Felipe II, que acusan la influencia de Plinio, pero aún más de los lapidarios árabes.

De los lapidarios cercanos a la época de Santa Hildegarda, los del obispo Marbodio de Rennes y Alfonso X el Sabio son meros refritos de lapidarios árabes: el de Marbordo, de un lapidario que al parecer envió a Tiberio el rey de Arabia Évax; y el de Alfonso X es traducción de cuatro lapidarios árabes. Ligeramente posterior a Santa Hildegarda,

---

2 Apocalipsis, en lo sucesivo Ap. 21, 18-21.

es el lapidario que se atribuye a San Alberto Magno, un tratado de magia negra sobre cómo hacer daño a la gente[3].

La diferencia entre estos lapidarios y el de Santa Hildegarda es patente. Las enseñanzas de la Santa sobre la curación con piedras son diáfanas, sencillas, sin complicaciones, y no coinciden con lo que dicen los otros lapidarios.

¿PERO REALMENTE CURAN LAS PIEDRAS?

La pregunta obligada es si en pleno siglo XXI todavía puede creerse que las piedras curen. Y la respuesta más razonable es que eso hay que verlo, porque a menos de dejarse cegar por los prejuicios, todo lo que funciona hay que tomarlo en serio.

Existe una medicina hildegardiana que se practica con éxito desde hace medio siglo a satisfacción de usuarios siempre crecientes, con asociaciones que reúnen experiencias y publican casos clínicos. Existen en Alemania, Austria y Suiza grupos de experimentación que recogen sistemáticamente experiencias sobre la aplicación de las piedras de Santa Hildegarda. Pero, sobre todo, las experiencias personales están al alcance de cualquiera, experiencias por lo demás fáciles, sin complicaciones ni riesgos.

Así que a la pregunta escéptica de más arriba se puede responder modestamente que sí, que algunas piedras de las que dice Santa Hildegarda, aplicadas como ella dice, han curado a personas concretas. E inmediatamente hay que reconocer que no sabemos por qué, que no sabemos cómo funciona y que es un misterio. Y con la misma claridad hay que reconocer también que tampoco sabemos por qué a veces funcionan y a veces no.

Claro que también es un misterio que te pongan agujas en la oreja durante una hora y en lo sucesivo te sepa mal el tabaco. O que una crisoprasa en el pie hizo que éste dejara de molestar y se deshinchara

---

3 María E. Herrera, ed: Marbodo: *Liber Lapidum*, París; Belles Lettres 2005; Rodríguez M. Montero,ed.: Alfonso X: *Lapidario según el Ms. Escurialense H.1.15*, Madrid: Gredos, 1985 ; Michael R. Best and Frank H. Brightman, ed.; *The Book of Secrets of Albert Magnus*. New York: Weiser Books, 1999.

en pleno ataque de gota. Un doctor amigo sugiere que todo es puramente psicosomático. Pues bueno, aunque la explicación no sea muy convincente.

El hecho es que el cuerpo humano reacciona rápida y vigorosamente a estímulos muy pequeños. Y así por ejemplo, una Agencia de Medio Ambiente califica de «riesgo medio» dos a cuatro granos de polen de castaño por metro cúbico de aire, es decir, un grano cada 250 a 500 litros de aire. Lo llama «riesgo medio», pero ese grano puede suponer auténticas y enojosas molestias a una persona alérgica al polen de castaño. Una picadura de abeja, que para cualquiera es poco más que una quemazón, podría serle mortal en pocos segundos a un alérgico previamente sensibilizado. De hecho, la farmacopea contemporánea actúa sobre el cuerpo humano en cantidades muy pequeñas, tal vez décimas de miligramo.

La vigorosa y veloz respuesta del cuerpo humano a la introducción de ínfimas cantidades de cuerpos extraños podría explicar la lapidoterapia de Santa Hildegarda cuando dice que hay que lamer la piedra, meterla en la boca, frotarla sobre la zona doliente o introducirla en el vino o agua de beber. La cantidad ingerida o introducida a través de la piel sería infinitesimal, la inapreciable transferencia de algunas moléculas, mucho menor que los medicamentos habituales, pero suficiente para arreglar las cosas.

Pero en otras ocasiones Santa Hildegarda recomienda poner la piedra encima de la piel o simplemente llevarla encima, y no parece verosímil que llegue a entrar en el cuerpo ni una molécula de la piedra. Entonces quizá habría que pensar en algún tipo de radiación refractada o modificada por la gema, que actúa de forma desconocida. En la segunda mitad del siglo XX se descubrió que el paso reiterado de un haz de luz a través de un rubí terminaba por filtrar una luz de frecuencia única, absolutamente monocroma, con singulares propiedades muy distintas de la luz solar, y desde entonces se utilizan diversos tipos de láser para distintas aplicaciones y también sobre el cuerpo humano. Cabe la posibilidad de que otras radiaciones visibles o invisibles, después de atravesar y refractarse en una gema, tengan capacidades insospechadas sobre el cuerpo humano. Mientras preparábamos este libro enseñamos las piedras en una reunión de amigos que se fueron pasando la caja. A la mañana siguiente, una de las señoras nos contó jubilosa que le habían mejorado la cadera y las rodillas, y lo atribuía al ratito que tuvo las piedras en sus rodillas. Un efecto inesperado, incomprobable, sin valor científico alguno, pero que abría nuevos interrogantes.

En la cosmovisión de Santa Hildegarda, el hombre y el cosmos se influyen mutuamente; el hombre encierra en sí toda la Naturaleza y está sometido a su influjo. Según Santa Hildegarda, al hombre le influye todo lo creado, y por tanto, también las piedras preciosas. Además, Santa Hildegarda tiene muy presente la acción y la presencia invisible de seres espirituales libres, hostiles al hombre y que huyen de las piedras preciosas.

La capacidad de sanación de las piedras preciosas es una antigua creencia humana, que sin duda habrá quien tenga por supersticiosa, pero no quienes hayan experimentado una vivencia personal de sanación con piedras. En todo caso es una terapia inocua, indolora y que cuesta muy poco, de modo que por probar no se arriesga nada y se pierde muy poco.

Con todo, es necesario advertir que no es fácil estar seguro de que la piedra que aplicamos es la que señalaba Santa Hildegarda, sea porque esté manipulada artificialmente, o porque el vendedor o nosotros mismos nos hayamos confundido de piedra, cosa más fácil de lo que uno creería. Por eso, lo aconsejable es ir probando piedras hasta encontrar la que funcione.

Por otra parte, aunque no sepamos en qué consiste la «potencia» o «fuerza», «energía» de las piedras que en latín llamaban *virtus*, estas piedras pueden ser muy potentes. Santa Hildegarda advierte expresamente que la esmeralda y el olivino lo son, pero si, como parece, están ordenadas precisamente por su potencia, son todas ellas potentes hasta las piedras número 19 ó 20, por lo cual no estará de más tomar precauciones y aplicárselas pausadamente, dos o tres veces al día, en períodos cortos de un cuarto de hora a media hora. Media hora de esmeralda puede ser suficiente para darse un chute de energía que podremos valorar al cabo del día, al repasar todo lo que hemos sido capaces de hacer en las horas precedentes.

No sabemos si la potencia tiene algo que ver con el tamaño, pero en alguna aplicación de jaspe hemos llegado a pensar que el jaspe es más potente cuanto más grande sea; no sabemos si con las demás pasa lo mismo.

Una observación de orden práctico: cuando Santa Hildegarda recomienda poner la piedra en contacto con la piel donde duela, sobre una vena o sobre el corazón, la cosa no es tan sencilla como parece porque la piedra se descoloca incluso durante el sueño, y tiende a caerse al suelo una y otra vez. Para evitarlo, use colgantes o piedras con argolla que puedan sujetarse con un imperdible a la cara interna de la ropa interior. A falta de piedra con argolla, consiga en un comercio de abalorios una cuenta de esa piedra y pásela por el taladro una gaza aplastada de hilo fuerte, uno de cuyos cabos meterá por el otro extremo de la gaza para formar una argolla en ese extremo del taladro. Por último, las piedras sin argolla y sin perforar pueden sujetarse a la ropa o a la correa del reloj con cinta adhesiva por ambas caras, o directamente a la piel con cinta adhesiva transparente ("celo") o con un esparadrapo que no sea muy fuerte.

UNA ÚLTIMA CUESTIÓN

Mientras preparábamos esta traducción nos hemos preguntado muchas veces si la curación con piedras es una cuestión de fe y, si la acción (la *virtus*) de la piedra depende de que uno crea que puede curar.

Según nuestra modesta experiencia, no lo es. Estas piedras curan en cierto modo como la aspirina, que lleva siglo y medio quitando a la gente el dolor de cabeza, sin preguntar si el doliente cree o no en ella.

No sabemos por qué curan estas piedras, pero eso no importa. La mayoría de nosotros tampoco sabe por qué curan las aspirinas.

SEMBLANZA DE LA SANTA DE BINGUEN POR BENEDICTO XVI

El 27 de mayo de 2011, el Papa Benedicto XVI anunció su intención de declarar Doctora de la Iglesia a Santa Hildegarda de Binguen, convirtiéndola así en la cuarta mujer que recibe este título tras Santa Teresa, Santa Catalina y Santa Teresita. Ya antes el Papa había hablado en dos ocasiones consecutivas sobre la vida y obra de Santa Hildegarda, en dos enseñanzas que se extractan a continuación:

En aquellos siglos de la historia que habitualmente llamamos Edad Media, muchas figuras femeninas destacaron por su santidad de vida y por la riqueza de su enseñanza. Hoy quiero comenzar a presentaros a una de ellas: Santa Hildegarda de Binguen, que vivió en Alemania en el siglo XII.

Nació en 1098 en Renania, en Bermersheim, cerca de Alzey, y murió en 1179, a la edad de 81 años, a pesar de que su salud fue continuamente frágil. Hildegarda pertenecía a una familia noble y numerosa y sus padres la dedicaron desde su nacimiento al servicio de Dios. A los ocho años, fue encomendada a los cuidados de la maestra Judith de Spanheim, a fin de que recibiera una adecuada formación humana y cristiana. En la clausura junto al monasterio benedictino de San Disibodo se fue formando un pequeño monasterio femenino de clausura que seguía la regla de San Benito.

Hildegarda recibió el velo de manos del obispo Otón de Bamberg y, en 1136, cuando murió la madre Judit, que era la superiora de la comunidad, las hermanas la llamaron a sucederla. Desempeñó esta tarea sacando fruto de sus dotes de mujer culta, espiritualmente elevada y capaz de afrontar con competencia los aspectos organizativos de la vida claustral. Años más tarde, también a causa del número creciente de las jóvenes que llamaban a las puertas del monasterio, Hildegarda fundó otra comunidad en Binguen, dedicada a San Ruperto, donde pasó el resto de su vida. Su manera de ejercer el ministerio de la autoridad es ejemplar para toda comunidad religiosa: suscitaba una santa emulación en la práctica del bien, tanto que, como muestran algunos testimonios de la época, la madre y las hijas competían en amarse y en servirse mutuamente.

Ya en los años en que era superiora del monasterio de San Disibodo, Hildegarda había comenzado a dictar las visiones místicas que recibía, desde hacía tiempo, a su consejero espiritual, el monje Fólmar, y a su secretaria Ricarda de Strade, una hermana a la que quería mucho.

Como sucede siempre en la vida de los verdaderos místicos, también Hildegarda quiso someterse a la autoridad de personas sabias para discernir el origen de sus visiones, temiendo que fueran fruto de imaginaciones y que no vinieran de Dios. Por eso se dirigió a la persona que en su tiempo gozaba de la máxima estima en la Iglesia: San Bernardo de Claraval, quien la tranquilizó y alentó. Y en 1147 recibió otra aprobación importantísima. El Papa Eugenio III, que presidía un sínodo en Tréveris, leyó un texto dictado por Hildegarda, que le presentó el arzobispo Enrique de Maguncia. El Papa autorizó a la mística a escribir sus visiones y a hablar en público [y] desde aquel momento el prestigio espiritual de Hildegarda creció cada vez más, tanto es así que sus contemporáneos le dieron el título de «profetisa teutónica».

Esta gran mujer «profetisa» también hoy nos habla con gran actualidad, con su valiente capacidad para discernir los signos de los tiempos, con su amor por la Creación, su medicina, su poesía, su música que hoy se reconstruye, su amor a Cristo y a su Iglesia, que también sufría en aquel tiempo, herida también entonces por los pecados de los sacerdotes y de los laicos, y mucho más amada como cuerpo de Cristo[1].

En una carta a San Bernardo, la mística renana confiesa:

---

1 Audiencia General, miércoles 1 de septiembre de 2010

> La visión impregna todo mi ser: no veo con los ojos del cuerpo, sino que se me aparece en el espíritu de los misterios. Conozco el significado profundo de lo que está expuesto en el Salterio, en los Evangelios y en otros libros que se me muestran en la visión. Esta arde como una llama en mi pecho y en mi alma, y me enseña a comprender profundamente el texto[2]

Las visiones místicas de Hildegarda se parecen a las de los profetas del Antiguo Testamento [y] son ricas en contenidos teológicos. Hacen referencia a los principales acontecimientos de la historia de la salvación, y usan un lenguaje principalmente poético y simbólico. Por ejemplo, en su obra más famosa, titulada *Scivias*, es decir, «Conoce los caminos», resume en treinta y cinco visiones los acontecimientos de la historia de la salvación, desde la creación del mundo hasta el fin de los tiempos. Con los rasgos característicos de la sensibilidad femenina, Hildegarda, precisamente en la sección central de su obra, desarrolla el tema del matrimonio místico entre Dios y la humanidad realizado en la Encarnación. En el árbol de la cruz se llevan a cabo las nupcias del Hijo de Dios con la Iglesia, su esposa, colmada de gracias y capaz de dar a Dios nuevos hijos, en el amor del Espíritu Santo[3]. [...]

Hildegarda se ocupó en otros escritos de medicina y ciencias naturales, así como de música, al estar dotada de talento artístico. Compuso también himnos, antífonas y cantos, recogidos bajo el título *Symphonia Harmoniae Caelestium Revelationum* (Sinfonía de la armonía de las revelaciones celestiales) que se ejecutaban con gran alegría en sus monasterios, difundiendo un clima de serenidad, y que han llegado hasta nosotros. Para ella, toda la creación es una sinfonía del Espíritu Santo, que en sí mismo es alegría y júbilo. [...] La popularidad que rodeaba a Hildegarda impulsaba a muchas personas a interpelarla [...] comunidades monásticas masculinas y femeninas, obispos y abades. Muchas respuestas siguen siendo válidas también para nosotros.

Y cuando el emperador Federico Barbarroja causó un cisma eclesial oponiendo nada menos que tres antipapas al Papa legítimo Alejandro III, Hildegarda, inspirada en sus visiones, no dudó en recordarle que también él, el emperador, estaba sujeto al juicio de Dios. Con la auda-

2 *Epistolarium pars prima* I-XC: CCCM 91.

3 Patrologia Latina (en lo sucesivo, PL) 197, 453 C *Visio tertia.*

cia que caracteriza a todo profeta, escribió al emperador estas palabras de parte de Dios:

> «¡Ay de esta malvada conducta de los impíos que me desprecian! ¡Escucha, oh rey, si quieres vivir! De lo contrario, mi espada te traspasará»[4]

Con su autoridad espiritual, Hildegarda viajó en los últimos años de su vida, a pesar de su avanzada edad y de las condiciones difíciles de los desplazamientos, para hablar de Dios a la gente. Todos la escuchaban de buen grado, incluso cuando usaba un tono severo, pues la consideraban una mensajera enviada por Dios. Exhortaba sobre todo a las comunidades monásticas y al clero a una vida conforme a su vocación.

En particular, Hildegarda se opuso al movimiento de los *cátaros* alemanes. Estos cátaros, palabra que literalmente significa «puros», propugnaban una reforma radical de la Iglesia, sobre todo para combatir los abusos del clero, y ella les reprochó duramente que quisieran subvertir la naturaleza misma de la Iglesia, recordándoles que la verdadera renovación de la comunidad eclesial no se obtiene con el cambio de las estructuras, sino con un sincero espíritu de penitencia y un camino activo de conversión. Este es un mensaje que no deberíamos olvidar nunca[5].

---

4 Ibid., 412.

5 Miércoles 8 de septiembre de 2010

ADVERTENCIAS A UN LECTOR DE SANTA HILDEGARDA

La lectura de Santa Hildegarda, que depara enseguida gratas sorpresas y gozosos descubrimientos, presenta también ganchos y escollos que interrumpen la lectura y provocan extrañeza, rechazo, e incluso viva oposición. Y es natural, porque Santa Hildegarda transmitía conceptos que ella misma desconocía, en una lengua que no dominaba y a la que faltaban las palabras necesarias para expresar ocho siglos largos de progreso del conocimiento humano.

No sabemos cómo oía Hildegarda en su interior las explicaciones de la Luz Viva, pero parece razonable que fuera en latín, una lengua que a la vista está que solo poseía en precario. Sabemos que Hildegarda dictaba estas explicaciones en un latín de oídas, rústico, sin desinencias o con desinencias aproximadas, y que su secretario, el bendito monje Fólmar (Vólmar o Vólmer) o su devota sor Ricarda completaban para dejarlo gramaticalmente decente. A veces Hildegarda balbuceaba, no sabía cómo decir y al final repetía de otra manera la frase mal entendida o mal expresada, o la decía en su alemán nativo y entonces su fiel secretario copiaba las dos versiones consecutivas de la misma idea, prácticamente idénticas pero con distintos puntapiés a la gramática latina.

La verdad es que el latín de Hildegarda es relativamente cristalino, y con un poco de hábito llega a entenderse directamente; es el latín medieval, la lengua que pudo ser la oficial de la Unión Europea si no se hubieran opuesto precisamente los países de lengua romance: Francia, Italia y España. No olvidemos que el latín es todavía el lenguaje culto de las universidades de Europa Central y Occidental que no son de lengua romance. Pero por transparente que sea el latín de Santa Hildegarda, no deja de ser latín, una lengua muerta hace siglos, que se escribía en pergaminos carísimos, en letra comprimida para que cupiera más, con palabras llenas de abreviaturas para ahorrar espacio. Una lengua telegráfica que solo entendían los ilustrados, mientras que la gente común hablaba el *sermo vulgaris* y las viejas lenguas nacionales.

Y no es que el latín de Hildegarda esté lleno de trampas para el lector poco avezado, aunque las haya como ese *nimis* que no es «nimio», sino «mucho», ese *declinare* que puede ser desviarse y ese *dimittere* que no es dimitir sino enviar, porque donde menos se espera salta la trampa. El principal problema tampoco está en las palabras latinas que ya se han olvidado y no están en los diccionarios, como *sobriuncula* o *calimina,* que son menos de media docena en esta obra y muy pocas más entre los centenares de miles de palabras que dictó en total Hildegarda.

El problema mayor de estas obras radica más bien en las palabras que no tuvo Hildegarda ni sus contemporáneos para expresar realidades que apenas empezaron a intuirse en el siglo XIX, seiscientos años después. En latín no había palabras para microrganismo, bacteria, virus o microbio, para los que Santa Hildegarda utiliza una escala decreciente a base de acumular diminutivos: gusano > *vermis,* gusanitos > *vermiculi,* gusanitos chiquitísimos > *minutissimi vermiculi.*

¿Cómo iba a expresar ella el ciclo de Bethe, la excitación de un material fotovoltaico -o la función clorofílica- por la radiación solar, o que la capa superior de las nubes es la primera afectada por las llamaradas solares? ¿Cómo iba a hablar de magma, o de glándulas suprarrenales, si aún faltaban siete siglos para acuñar el concepto? Y sin embargo, Hildegarda acierta a hablar de todo ello, aunque con léxico muy distinto al que estamos habituados. Por eso hemos traducido con cuidado, casi al pie de la letra, y por eso hay que leer despacio, tratando de absorber todo el contenido y posibilidades de la frase.

El grado de dificultad de la lectura de Hildegarda no es uniforme: Hay cosas que coinciden totalmente con lo que sabemos (la Tierra es redonda, la Tierra es pequeña), y otras que parecen salidas directamente de la antigüedad sumeria, como cuando explica los movimientos planetarios por los signos del Zodíaco. En ésta, como en las demás obras hildegardianas, hay afirmaciones que no coinciden con lo que creemos saber, pero que despiertan y espolean el espíritu investigador que, siempre latente, olfatea que por ahí puede haber una verdad aún no conocida. Por ejemplo, cuando habla de los vientos nos da la impresión de que está hablando de fuerzas, vectores, tensores o cuerdas de dimensiones cósmicas; o cuando dice que el universo gira pero no se expande, y que está envuelto por un fuego negro, siembra la inquietud de si no habrá quizá otra explicación para el corrimiento al rojo, el efecto Doppler de la luz de las estrellas lejanas.

Otras veces, las afirmaciones de Hildegarda suponen un giro brutal y copernicano, como cuando habla de la corrompida Humanidad antediluviana y menciona la conducta contra natura de gran parte de los humanos, y sugiere así que los brutales gigantes que poblaron la Tierra antes del Diluvio no eran esbozos y antecesores del *homo sapiens*, como postula la modernidad, sino descendientes deformados y degenerados de ciertas coyundas fecundas entre humanos y animales.

Tampoco presentan la misma dificultad los distintos temas. En la teología de Santa Hildegarda no hay problemas particulares, pues el dogma católico es siempre el mismo, aunque cambie el modo de expresarse. Aun así, sus escritos están llenos de perspectivas sugerentes, tanto en lo que se refiere a la relación del hombre con la naturaleza, lo que hoy llamaríamos una antropología teológica, como en algunas cuestiones de tipo más pastoral, como el deseo que expresa la Llama Viva de que se comulgue bajo las dos especies, una praxis que había ido decayendo a lo largo de los siglos.

En general, tampoco es chocante la descripción de las criaturas más comunes. Su botánica presenta muy pocos problemas; la mineralogía, algunos, y más la zoología, donde habla del basilisco y el grifo, a la vez que da que pensar que pudo haber animales ahora extintos como el dragón, un pterosaurio con dispepsia, o el unicornio, un pequeño équido de un solo cuerno.

En fisiología, está claro que le faltan palabras y que será precisa una labor investigadora para desarrollar su endocrinología y encontrar el significado actual de los términos que emplea.

Pero para el lector actual, la dificultad principal de las obras de Santa Hildegarda estriba en la descripción del Universo, sembrada de afirmaciones duras de aceptar para quienes hemos aprendido de pequeños la majestuosa órbita de la Tierra en torno al Sol, descripción que por otra parte contradice nuestra evidencia diaria de que el Sol sale por Oriente y se pone por Occidente.

El choque entre nuestros prejuicios, nuestra fe científica contemporánea, y los textos hildegardianos es a veces frontal. Pero hay mucha materia de reflexión en la descripción del universo que la Luz Viva le da a Hildegarda, sólo con caer en la cuenta de que es una descripción para seres humanos corrientes que nunca van a ser astronautas ni van a hacer viajes espaciales. La descripción divina no nos calienta las meninges con una descripción complicada, —recuérdese que la beata Ana Catalina Emmerick veía una maraña de órbitas entrecruzándose velozmente— sino que describe para terrícolas una imagen geocéntrica, por lo demás tan original como todo lo suyo.

Al leer a Hildegarda hay que procurar saltarse las dificultades y no dejarse enredar en los ganchos. Sorprenderse y alegrarse de las coincidencias con nuestros conocimientos actuales; reflexionar sobre sus puntos de vista insólitos, y dejar los puntos difíciles o inaceptables para una meditación ulterior, a ver qué pudo querernos decir en aquella lengua muerta que ya solo usan —y cada vez menos, según es de temer —los universitarios centroeuropeos.

LIBRO DE LA MEDICINA SIMPLE (FÍSICA)

LIBRO CUARTO: LAS PIEDRAS

Todas las piedras contienen en sí fuego y humedad. El diablo aborrece, detesta y desprecia las piedras preciosas porque recuerda que su belleza aparecía en él antes de que él se cayera de la gloria que Dios le había dado, y porque algunas piedras preciosas se engendran en el fuego en que recibe su castigo. Por voluntad de Dios, el diablo fue vencido por el fuego y en el fuego cayó, así como es vencido por el fuego del Espíritu Santo cuando la primera inspiración del Espíritu Santo arrebató de sus fauces a los seres humanos.

Las piedras preciosas y gemas crecen en el Oriente, en áreas donde el calor del sol es muy grande. Debido al calor del sol, las montañas tienen allí un calor tan poderoso como el fuego. En esas zonas los ríos siempre hierven por el gran calor del sol.

Por lo cual a veces una inundación de esos ríos sube bruscamente y la crecida llega hasta esas montañas abrasadas por el calor del sol. Los ríos tocan a las montañas, y en ciertos lugares donde el fuego y el agua se encuentran, se forma una especie de espuma. La espuma, similar a la producida por el hierro caliente o una piedra caliente cuando se la vierte agua encima, exuda en los lugares donde el agua toca al fuego. Esta espuma se adhiere a ese lugar y en tres o cuatro días se endurece como una piedra.

Una vez que la inundación ha cesado y las aguas han vuelto al cauce del río, los trozos de espuma que estaban adheridos a la montaña en algunos lugares, se secan con el calor del sol según las diversas horas del día y según las temperaturas de esas horas. Y adquieren sus colores y energías de acuerdo con la hora del día y la temperatura. Al secarse y endurecerse se convierten en piedras preciosas y caen sobre la arena, como caen las escamas de los peces. Después, cuando los ríos de nuevo se desbordan, recogen muchas de estas piedras y se las llevan a otros países dónde más tarde las descubren los seres humanos. Las referidas montañas donde tantas y tan grandes piedras han nacido de esta manera, brillan como la luz de día.

Así es como nacen las piedras preciosas, a partir del agua y del fuego, por lo que contienen a la vez fuego y humedad. Contienen muchas energías y son eficaces para muchas necesidades.

Se han de hacer con ellas muchas operaciones que sean buenas, honestas y beneficiosas para los seres humanos, y no por el contrario, obras de seducción, fornicación, adulterio, enemistad, homicidios, y similares, que tienden hacia el vicio y son contrarias al hombre. La naturaleza de estas piedras preciosas busca producir efectos honestos y útiles y rechaza los perjudiciales y malignos para los hombres, de la misma forma que las virtudes apartan a los vicios, y los vicios no pueden actuar con la virtud.

En cambio existen piedras que no nacen de estos montes y no son de la naturaleza antes dicha, sino que surgen de cosas inútiles, con las cuales se pueden hacer, según su naturaleza y con permiso de Dios, cosas buenas y malas.

Dios adornó al primer ángel con piedras preciosas. Lucifer, al verlas brillar en el espejo de la Divinidad, recibió ciencia en ese momento y supo en ellas que Dios quería hacer muchas maravillas. Entonces su espíritu se hinchó de orgullo, porque veía relucir en Dios la belleza de las piedras que lo cubrían. Creyó que tenía tanta potencia como Dios e incluso más, así que su esplendor se extinguió. Pero, así como Dios rescató a Adán para darle una parte mejor, tampoco envió a la perdición la belleza ni las energías de esas piedras preciosas, sino que quiso que se mantuvieran en la tierra para honor y bendición, y que se utilizaran para medicina.

ÍNDICE DE CAPÍTULOS

1, Esmeralda. 2, Jacinto. 3, Ónice. 4, Berilo. 5, Sardónice. 6, Zafiro. 7, Sardo. 8, Topacio. 9, Crisólito. 10, Jaspe. 11, Prasio. 12, Calcedo-

nia. 13, Crisoprasa. 14, Carbunclo. 15, Amatista. 16, Agata. 17, Diamante. 18, Piedra Imán. 19, Ligurio. 20, Cristal de roca. 21, Margarita. 22, Perla. 23, Cornalina. 24, Alabastro. 25, Cal. 26, Varias piedras, como mármol...

Comentarios a la lista de piedras de Santa Hildegarda

De las 25 piedras de la lista anterior, dos o tres (ligurio, margarita y perlas) tal vez no sean en rigor piedras; y otras tres más, la piedra imán, la caliza y el alabastro, no se pueden calificar de preciosas. Las 19 piedras preciosas restantes no son muchas si se comparan con los grandes lapidarios de su época: el obispo Marbodio, que probablemente aún vivía cuando nació Hildegarda, seleccionó para su lapidario en verso 60 piedras «entre otras muchas»; y menos de un siglo después de la muerte de la santa, la vocación universal de conocimiento que tenía el rey castellano Alfonso X el Sabio no se satisfizo con las 350 piedras que hizo traducir de diversos lapidarios. Una veintena de piedras es muy poco si tenemos en cuenta que en los Libros Primero y Tercero de la *Physica*, Santa Hildegarda habla de cerca de 300 especies de hierbas y árboles, pues las demás, dice, casi no sirven para medicina.

Las piedras que nombra Santa Hildegarda todavía hoy son bien conocidas en general, e incluso mantienen el mismo nombre que entonces. Más de la mitad, doce, son de la familia del cuarzo, los guijarros y el sílex, la gran familia de silicatos y óxidos de silicio que es mayoritaria en la corteza terrestre. De estos cuarzos, tres son cristalinos, es decir forman cristales regulares de buen tamaño (la amatista, el cristal de roca y algunos prasios) y el resto son microcristalinos, es decir que están compuestos por cristales microscópicos dispuestos aleatoriamente, como el ágata, la calcedonia, la cornalina, la crisoprasa, el ónice, el jaspe, el sardo y el sardónice.

Otras cuatro piedras pertenecen a la amplia familia del calcio: margaritas y perlas, junto con la cal y el alabastro. Además de éstas, todavía hay dos de cada una de las familias del berilo (esmeralda y berilo), el corindón (rubí y zafiro) y el hierro (crisólito y piedra imán). Las cuatro piedras restantes (el diamante, el topacio, el ligurio y el circón o el granate) están sin familia en esta lista.

Tal como dice Santa Hildegarda en el Prefacio, estas piedras son preciosas, palabra que hay que entender, ahora como entonces, en el doble sentido de la expresión, porque son piedras caras y de precio, preciosas, pero también muy hermosas. Ahora bien, en tiempos de Santa Hildegarda y en otros aún más antiguos, las piedras preciosas tenían algunas características que ya no tienen hoy.

En primer lugar las gemas eran más escasas, porque desde el siglo XVI los inmensos yacimientos del Brasil han dejado caer sobre el mercado mundial un alud de gemas, y después de Brasil lo han hecho los inmensos yacimientos de los Urales, Estados Unidos, Sudáfrica, Colombia y Australia con gran producción de gemas clásicas o nuevas.

Al ser más escasas, en la Antigüedad y la Edad Media eran también más apreciadas, costaban más y en aquellas sociedades de economía limitada solo estaban al alcance de los muy poderosos, o se dedicaban preferentemente al ornato de lo que Occidente consideraba que era de todos: las vestiduras litúrgicas, los objetos de culto y las imágenes sagradas.

Por otra parte, las piedras también eran entonces más grandes, pues a lo largo de los siglos se ha recogido lo mejor que estaba a la vista. Con las gemas pasa como con el oro: la Humanidad lleva siglos recogiéndolo y todas las pepitas grandes ya están recogidas. En superficie no queda nada y en los placeres solo se recogen briznas impalpables. Con las piedras ha pasado algo parecido, aunque no igual. Todo lo que estaba a la vista ya está recogido y ahora se buscan a profundidades de centenares de metros o removiendo hectómetros cúbicos de tierra, aunque todavía puedan encontrarse buenos ejemplares en el suelo, y no solo de cristal de roca. Todavía vive el afortunado matrimonio que al pasear encontró un gran diamante.

La belleza de las piedras preciosas de Santa Hildegarda entraba por la vista. Entonces no se sabía nada de estructura atómica ni de redes cristalinas, pero el hombre antiguo y medieval conocía y valoraba la rareza, el color, el brillo, el fuego y la dureza de las piedras preciosas. Admiraba como nosotros los hermosos cristales de algunas gemas en bruto, y pronto aprendió la belleza que podía sacar a la luz con la talla: al principio, sellos cilíndricos o planos; después, tallas artísticas y finalmente, las formas geométricas que daban tallistas y grabadores a aquellas piedras durísimas.

Santa Hildegarda nos señala en el Prefacio de este libro que Satán vio reflejada en Dios la hermosura de las piedras que le adornaban a él, frase que invita a pensar que no solo admiraba la perfección de las redes cristalinas de sus átomos y moléculas, tal como la conocemos, sino que en ese momento conociera («viera y supiera», dice el Prefacio) otra belleza inherente a las gemas que nosotros todavía desconocemos.

CÓMO CONSEGUIR ESTAS PIEDRAS

Las piedras de Santa Hildegarda son relativamente comunes; no olvidemos que este Libro Cuarto, como toda la Física de Santa Hildegarda, parece destinado a contarle al hombre lo que el pecado original borró de su memoria infusa: la utilidad de las demás criaturas para el hombre. Hoy día es muy fácil conseguir a muy buen precio, de pocos euros, la inmensa mayoría de las piedras de la lista de Santa Hildegarda. Cuando Santa Hildegarda ennumera las piedras no habla de talla ni de transparencia, sino de las piedras preciosas tal como aparecen en la Naturaleza, más o menos lo que ahora llamamos «en bruto». Taludes, desmontes y pedreras están llenos de piedras bellísimas. En un saco de gravilla de obra se puede encontrar sin mucho esfuerzo cristal de roca, jaspe, cornalina, sardo y ónice, y si hay suerte, quizá un corindón. En la arena de algunas graveras hay circonios, microscópicos pero perfectos, y quien sabe si los habrá más grandes en la gravilla llamada garbanzo de las mismas graveras. Salir a buscar piedras con un buen aficionado o en un grupo mineralógico es un gozo. Encontrar una piedra preciosa en una gravera o en el fondo de una rambla es una satisfacción inolvidable y uno de los mejores momentos de la vida. Los grupos mineralógicos organizan excursiones para recogida de muestras que siempre son interesantes, se aprende mucho y se conoce gente estupenda.

Las piedras de Santa Hildegarda están a la venta en cualquiera de las numerosas tiendas de minerales, abalorios, bisutería o esotéricas que se prodigan en nuestras ciudades. En aeropuertos y estaciones de ferrocarril suele haber puestos de venta de minerales. Muchos joyeros son además gemólogos, y pueden conseguirnos piedras en bruto de encargo; sorprende comprobar que gemas de nombre prestigioso pueden ser muy asequibles.

En muchos lugares de España y del mundo se celebran periódicamente ferias y mercadillos de minerales donde es posible cambiar, comprar y sobre todo aprender. En Madrid era famoso el mercadillo del Rastro, los domingos por la mañana, y aún más importante el mercadillo de la Escuela de Minas, los primeros domingos de mes. En muchos puntos de la Península se celebran anualmente ferias de minerales. Es necesario preguntar mucho; téngase presente la ambigüedad de nombres que aqueja sobre todo a la familia del cuarzo, pero también a otras piedras. Conviene adquirirlas en bruto, porque son más baratas y es menos probable que estén manipuladas: uno o más cristales de esmeralda embutidos en su roca madre pueden costar unos tres euros.

Al buscar en Internet por el nombre de la piedra encontrará ofertas abundantes y económicas. Un cristal de topacio, un limpio trozo de berilo transparente, una esmeralda en roca madre o un prisma de rubí en bruto pueden costar actualmente (año 2012) unos tres euros cada uno que, incluidos portes, pueden subir a diez. Cinco diamantes de 4 mm en bruto nos han costado 18,75 euros, transporte incluido, y solo tardaron dos días en llegar. Un rubí transparente, color sangre de pichón es carísimo, pero un rubí cristalizado y opaco del color de los posos del vino cuesta menos que una novela de bolsillo.

En cada capítulo se han dado indicaciones de los yacimientos españoles. Buscar en solitario por el campo puede ser frustrante; pero no hay nada como salir a buscar piedras en compañía de un aficionado experto.

El nacimiento de estas piedras

Santa Hildegarda dice en el Prefacio que las piedras se forman cuando una inundación de agua sobresaturada (agua más bien caliente y que arrastra de todo) llega a tocar las partes altas y abrasadas de montañas del Sur, «y se juntan el fuego y el agua», lo que parece sugerir que las montañas altas y abrasadas sean volcanes. Al contacto, el agua hierve al contacto de la tierra ardiente y la «espuma» (las sales y materiales disueltos) se adhieren a ella y se endurecen (cristalizan) en pocos días con el color y las propiedades que determinen las circunstancias medioambientales. Después, las lluvias y la intemperie deshacen la roca madre, despegan las gemas, que caen al fondo del cauce y los ríos las arrastran y las transportan lejos.

Este proceso que nos describe el Prefacio del Libro Cuarto no se ajusta del todo a los esquemas actuales. Por otra parte, Santa Hildegarda habla en tiempo presente, pero es de suponer que lo veía *sub specie aeternitatis,* y el proceso descrito bien pudo ocurrir en otra era geológica. Una crecida de aguas sobresaturada de ácido silícico, omnipresente en la formación de la corteza, y cargada además de muchos otros materiales en estado coloidal, rellenó los espacios entre los granos de tierra y arena así como los caparazones de los minúsculos moluscos, reaccionó con ellos y se endureció. Después, la meteorización -soles, heladas, vientos, noches- desgajó las piedras de la masa y las lluvias las arrastraron al fondo del valle, donde los ríos se las llevaron, perdiendo en el proceso adherencias, picos y aristas. Al final, como pesaban más, se detuvieron allí donde el agua perdió velocidad, en un ensanchamiento del cauce, una barrera de rocas o en la desembocadura.

Pero éste es el caso general que describe Hildegarda para las dieciséis primeras piedras, porque a las siguientes: el diamante, la piedra imán, las margaritas, el ágata, el ligurio y el cristal de roca, les atribuye un origen distinto y más circunstanciado. Del diamante dice que nace de un gel orgánico que se cristaliza a causa de un terrible estampido, cosa muy probable y que es exactamente lo que se piensa hoy: que nacen de una gigantesca explosión cuya presión y temperatura, verdaderamente brutales, hacen cristalizar un material orgánico. Hay cierta diferencia en que Santa Hildegarda ve que este proceso se produce al lado del mar y no en el interior de una chimenea volcánica; pero es posible que ambas explicaciones sean compatibles.

Por otra parte, que las bacterias llamadas «del hierro» transforman el óxido ferroso disuelto en el agua en óxido férrico insoluble es algo que solamente se supo a mediados del siglo XIX y que desde luego no pertenecía al acervo de sabiduría grecolatina, ni árabe, ni de los hechiceros medievales alemanes, ni al conocimiento empírico. Es un misterio cómo pudo saberlo Hildegarda si no se acepta la hipótesis de revelación, por la cual supo también que los diamantes nacían de materia orgánica cristalizada por un estampido.

Las escuetas explicaciones que da Hildegarda del nacimiento del ágata (del agua), de las margaritas (oolitas o pisolitas de agua salada) y del cristal de roca (formado de aguas negruzcas) probablemente se refieran a aguas sobresaturadas que, en el caso del ágata, quedaron encerradas en huecos de la tierra. La ciencia actual no coincide con Hildegarda acerca del nacimiento del ágata, y no tiene nada que oponer a la formación de margaritas (oolitas y pisolitas). De las perlas, se intuye que Hildegarda nos cuenta el proceso de autodefensa de los moluscos contra la entrada de basura exterior. Más difícil es pronunciarse sobre el nacimiento del ligurio, al que ya en su tiempo Plinio juzgaba, no sólo distinto del ámbar, sino inexistente y fabuloso. No puede negarse, sin embargo, que la existencia de esta piedra de origen animal se postula desde una antigüedad muy respetable.

EL CRECIMIENTO DE LOS CRISTALES

Todos los cristales crecen, aunque generalmente no reparemos en ello porque su crecimiento no es tan visible como el de las plantas. Aun así hay cristales que crecen en laboratorio en cuestión de minutos. En la Naturaleza unos crecen en pocas horas como la escarcha y otros en pocos días como la sal. Es posible —pero no seguro- que algunos cristales minerales necesiten años o siglos para crecer, tal vez milenios, pero su crecimiento no siempre es tan lento. En laboratorio crecen en unas horas, pero también en la Naturaleza: unos excursionistas vandálicos que rompieron una estalactita en una cueva encontraron dentro una lata oxidada. Santa Hildegarda dice en el Prefacio que las piedras se formaron en tres o cuatro días. En las conducciones de aguas termales de los Baños de Cauterets (Francia) han crecido cristales de cuarzo en cuestión de años, no de siglos.

Santa Hildegarda suele precisar además si las piedras contienen aire y agua, lo cual es pertinente tanto si se refiere a las inclusiones que tienen en su interior las gemas, como si se refiere al agua de cristalización. De otras piedras dice si crecen del agua o del aire, dato que podría inducir a la sonrisa si no fuera porque antes ya ha dicho al hablar de las plantas en los Libros Primero y Tercero si crecían del agua o del aire. Que las plantas crecen de lo que chupan de la tierra es un conocimiento intuitivo, pero la verdad es que a muchísimas plantas, el crecimiento y la nutrición les viene del aire, del que toman CO2 para convertirlo en carbohidratos poe su función clorofílica.

LA *VIRTUS* DE LAS PIEDRAS

Santa Hildegarda, que no da puntada sin hilo, dice también a qué horas nacen o crecen las 16 primeras piedras. Entre la esmeralda (nº 1), que nace a primeras horas de la mañana «cuando las hierbas chupan verdor con tanta fuerza como un cordero mama leche» y la crisoprasa (nº 13), que crece cuando el sol ya está oculto, las piedras están ordenadas *grosso modo* según la hora en que nacen o crecen. A partir del carbunclo, que crece en los eclipses de luna, las cosas cambian: la amatista crece cuando el sol tiene un halo «que anuncia mutaciones en la Iglesia», y de las demás, dice de qué nacen, pero no a qué hora.

Pero además de la hora, parece que las piedras de Santa Hildegarda están ordenadas según su virtud, fuerza, potencia o energía relativa, cualquiera que sea el significado de estas palabras en el texto. La esmeralda, número uno de la lista, es «poderosa contra todo tipo de debilidad y enfermedad humana». El libro menciona expresamente además la «vigorosa energía» del sardónice (nº 5), el «buen temple» del sardo (nº 7), la «fortísima piedra» que es el topacio (nº 8), la «virtud casi vital» del crisólito (nº 9), la «mucha energía templada» que tiene la crisoprasa (nº 13) así como su «energía nocturna en cuarto creciente», y del carbunclo (nº 14) dice que hay que manejarlo con muchísimo cuidado.

Las observaciones sobre las últimas de la lista tienen menos que ver con la potencia: el diamante (nº 17) es más duro que el acero, la piedra imán (nº 18) puede ser a la vez buena y nociva; y el ligurio (nº 19) es más blando que las demás piedras. Las piedras del final de la lista no sirven mucho para la salud del hombre: las margaritas (nº 21) purifican el agua, pero las perlas (nº 22) son casi venenosas; el alabastro (nº 24) casi no tiene medicina; y en fin, la cal (25) no es muy útil como medicina pero en cambio puede dañar. En el último capítulo (26) se dice que las demás piedras «no sirven mucho para medicamento».

PERO ¿CUÁLES SON LAS PIEDRAS QUE DECÍA SANTA HILDEGARDA?

Plinio tiene razón cuando dice que «no hay tarea más difícil que identificar las distintas variedades de estas piedras»[1]; algo que salta a la vista cuando dice que el jaspe, que nosotros conocemos rojo o de color hígado, «es verde y a menudo transparente», o que el topacio, que nosotros conocemos dorado, y si lo calientan, azul, «mantiene su excelente reputación por su tonalidad verde»; algo que debe alertarnos de que ha cambiado las etiquetas de los nombres de las gemas en cuanto pasan un par de milenios.

En el mundillo de los profesionales de las gemas y los aficionados a los minerales, los nombres de piedras preciosas que menciona Santa Hildegarda (de las cuales en realidad solamente interesan una veintena) son bien conocidos, a excepción del carbunclo y el ligurio. Por tanto, a primera vista parece que bastaría con aplicar en cada caso tal como lo describe Santa Hildegarda, por lo general muy sencillo, la piedra de ese nombre.

Desgraciadamente, no es así, porque, en primer lugar, no hay dos piedras iguales. Las piedras preciosas y los minerales en general son muy distintos, porque ni la madre Naturaleza los presenta de la misma forma, ni el martillo del geólogo los arranca de la misma manera, ni dos minerales de la misma fórmula química tienen por qué ser iguales ni siquiera parecerse. El grafito y el diamante tienen la misma composición química, carbono puro, pero no se parecen en nada; de hecho, aunque el consorcio diamantífero vela para que esto no se divulgue,

[1] Plinio: Historia Natural, Libro 37, cap. 98.

hay diamantes que se degradan espontáneamente a grafito, lo cual es una costosa broma de la Naturaleza. Un berilo puede ser una esmeralda verde o tener el acuoso azul del aguamarina. El corindón y el circón pueden adoptar prácticamente cualquier color entre el rojo sangre y el verde mustio. El cuarzo cubre toda la gama: y puede ser transparente, traslúcido u opaco; monocolor, bicolor o polícromo. Y al revés, dos piedras de distinta composición química pueden ser tan parecidas que se confundan, como el circonio transparente y el brillante, o el topacio imperial y el cuarzo citrino.

Por otra parte, los métodos para identificar las piedras son casi necesariamente destructivos. En primera aproximación, muchos intentarían rayarla sucesivamente con cristal, navaja o diamante hasta lograrlo, la frotarían enérgicamente contra el borde de un fragmento de cerámica para ver qué raya deja, o tratarían de rallarla para sacarle un poco de polvo. Una determinación precisa, que se basa en analizar la composición química y el índice de refracción, supone destruir un pedazo, y sacarle una laja delgada, si ello es posible.

En tiempos de Santa Hildegarda, cuando no existían los análisis químicos ni otros medios sofisticados, las características observables de las piedras eran su transparencia; el color; el brillo, que es la luz que reflejan sus caras; el fuego, que es consecuencia de la refracción y dispersión de los diversos componentes de la luz blanca en el interior de la gema; y la fractura, la forma de sus caras. En teoría, los antiguos pudieron haber reparado también en la raya que forma el mineral al frotarlo contra un trozo de cerámica, el color del polvo o la exfoliación, es decir, su capacidad para separarse en hojas, pero entonces no eran tan destructivos como ahora. Afortunadamente, Santa Hildegarda suele dejar pistas sutiles acerca del color y la forma de cada piedra.

Pero si es difícil decir quién es quién entre las gemas más nobles, la auténtica dificultad estriba en que, a pesar de que los nombres son milenarios, es posible que en tiempos de Santa Hildegarda no designaran las mismas piedras que hoy. Muchos nombres de gema suenan ahora casi igual que en tiempos de Plinio, y sin embargo es dudoso que designen las mismas piedras, y por ello se discutirán uno a uno en cada capítulo.

1

ESMERALDA

La esmeralda crece a primeras horas de la mañana, a la salida del sol, cuando el sol está lo más potente de su órbita para hacer su camino. Entonces el verdor de la tierra y de las hierbas tiene su mayor vigor porque el aire está frío y el sol ya es cálido; y entonces las hierbas chupan este verdor con tanta fuerza como un cordero mama leche; porque el ardor del día apenas basta para cocer el verdor del día, y nutre lo que hace falta para hacerlas fértiles y que produzcan frutos.

Y por eso la esmeralda es poderosa contra toda debilidad y enfermedad humana, porque el sol la prepara para ello y porque toda su materia viene del verdor del aire.

Por lo cual, a quien le duela el corazón, el estómago, o el costado, tenga una esmeralda junto a sí para que caliente su carne con ella, y mejorará.

Pero si la peste le inunda de modo que no puede contener sus tormentas, póngase enseguida una esmeralda en la boca, para que se moje con su saliva y su saliva se caliente con la piedra, y métela y sáquela de su cuerpo repetidas veces y las repentinas inundaciones de la peste cesarán sin duda.

Y si alguien cae atormentado por la epilepsia, ponle una esmeralda en su boca mientras yace postrado y reavivará su espíritu; y después que se levante, que se saque él mismo la piedra de la boca, y mirándola atentamente diga:

—Tal como el espíritu del Señor llenó la tierra entera, así su gracia llene la morada de mi cuerpo, para que nunca pueda moverse así.

Y hágalo así los siguientes nueve días por la mañana y se curará. Pero siempre debe tener la piedra junto a sí y mirarla atentamente todos los días por la mañana y decir las referidas palabras mientras la mira, y sanará.

Y a quien le duele mucho la cabeza debe sostener esta piedra cerca de su boca y calentarla con su aliento para que se ponga húmeda por la respiración, y frótela así humedecida por sus sienes y su frente, y después póngasela en la boca manteniéndola un buen rato, y mejorará.

Y quien tenga muchas flemas y saliva, caliente buen vino y después ponga un paño de lino sobre un vasito, la esmeralda sobre el paño, y vierta el vino caliente sobre ella para que el vino atraviese la tela, y hágalo repetidas veces, como el que prepara lejía, y entonces con este vino y con harina de habas coma frecuentemente la harina de habas y beba frecuentemente el vino así preparado y le purgará el cerebro y disminuirá la flema y la saliva.

Y si a alguien le comen los gusanos, ponga un paño de lino sobre la herida, y una esmeralda encima, y encima otros pedacitos de paño como quien prepara un cauterio, y hágalo para que la piedra esté caliente y hágalo así tres días y los gusanos se morirán.

COMENTARIOS A LA ESMERALDA

LA ESMERALDA DE QUE SE HABLA AQUÍ, ¿QUÉ PIEDRA ES?

Parece que la palabra esmeralda viene del griego *smaragdos*, «la diosa verde de las piedras», y es, con toda probabilidad, la misma piedra que hoy llamamos de forma parecida en todas las lenguas occidentales. La esmeralda es famosa desde tiempos remotos: la Biblia la nombra en tercer lugar, ángulo superior izquierdo[1] del efod del Sumo Sacerdote, y es también el primer adorno de los asientos de las murallas de la Jerusalén Celestial[2], según cita San Juan en el Apocalipsis. Plinio la identifica perfectamente y la valora en tercer lugar después de los diamantes y las perlas; de doce clases de esmeralda que menciona, las tres

1 Éxodo (en la sucesivo Ex), 28, 17.
2 Ap, 21, 19.

primeras: de Escitia (los Urales), Bactria (Afganistán) y Egipto, son sin duda las mismas piedras que ahora llamamos esmeraldas[3].

Características de la esmeralda

La esmeralda es un berilo verde. La familia del berilo la forman la esmeralda (el berilo de color verde intenso), el aguamarina (el berilo del límpido color claro del mar en una cala) y otros berilos de colores. La esmeralda transparente o traslúcida pertenece al selecto grupo de piedras más caras y valiosas del mundo, junto al diamante, el rubí y el zafiro. Afortunadamente el 90% de la producción mundial son esmeraldas opacas, que también son muy bellas y, además, muy baratas.

Por su composición química es un silicato doble de alumino y berilio, al que trazas infinitesimales de cromo o vanadio dan su precioso color. El color de las esmeraldas colombianas es verde jungla; las demás tienen un verde menos intenso: las brasileñas son amarillo verdosas, las sudafricanas, claras y turbias, así como las de Salzburgo, y las de los Urales amarillentas. Su brillo es vítreo y tiene poca refracción (1,57-1,58) y por tanto le falta fuego, pero lo compensa su atractiva belleza.

Es una piedra de dureza 7,5 a 8, que raya al cuarzo. Es frágil, sensible a la presión y hay que tener cuidado si se la calienta. La raya es blanca y la fractura concoidal, es decir, en forma de concha, aunque puede ser también irregular y astillosa.

Forma prismas cortos y hexagonales, independientes, de base plana, que a veces terminan en seis a doce caras triangulares. Los cristales, transparentes o no, suelen estar estriados a lo largo, y presentan fisuras, inclusiones de mica, burbujas, cavidades alargadas rellenas de líquidos o gases, e incluso microcristales, todo lo cual visto al microscopio semeja jardines, nombre con que se designan estas inclusiones, que lejos de restarles valor confirman su autenticidad, porque las esmeraldas sintéticas carecen de ellas.

---

3 Plinio el Viejo: Lapidario. Madrid: Alianza, 1993. Cap 37, nº 65

Formación de la esmeralda

La explicación de Santa Hildegarda al nacimiento de la esmeralda resulta dificilmente comprensible con nuestros conocimientos actuales, pero lo que dice del crecimiento de las plantas y su avidez por la luz matinal, a la que chupan como cabritillos la leche de la madre, evoca la fotosíntesis y la función clorofílica, procesos descubiertos en el siglo XX, doce siglos después de su muerte.

Procedencia de las esmeraldas

En España se han mencionado hallazgos de esmeraldas en Pontevedra, Cabo de Creus y en los detritus de Sierra Nevada. Covarrubias cuenta que Jacome Trezzo, el joyero de Felipe II, mostraba esmeraldas que había encontrado en un criadero del arroyo del Abroñigal, nombre que significa «Los endrinos», y que era el arroyo que corría debajo de lo que ahora es el tramo oriental de la M-30 madrileña. Puede que solo fuera una broma del artista.

Las esmeraldas más bellas se encuentran en Colombia (famosísimas e históricas minas de Muzo y Chivor), Brasil (Bahía, Goias, Minas Gerais), India, Pakistán, Zambia, Rusia, Norte de Zimbaue, Transvaal, Australia, India y Pakistán. En Europa se encuentran en Habachtal, cerca de Salzburgo, y en Noruega (Eidsvoll). Ninguna tan bonita como la esmeralda colombiana.

Confusiones y falsificaciones de la esmeralda

Es posible que en la Edad Media confundieran la esmeralda con otras piedras verdes; pero es muy dudoso porque ninguna tiene su belleza ni su dureza de la esmeralda: la fluorita es de dureza 4, la dioptasa 5, el diópsido 5 a 6, el crisólito de 6,5 a 7, la amazonita de 6 a 7, el demantoide de 6,5 a 7, el cuarzo aventurina 7, la hiddenita (una turmalina verde) de 7 a 7,5, el granate grosularia de 7 a 7,5, y la uvarovita, 7,5.

Actualmente se fabrican esmeraldas sintéticas de gran calidad, que al contrario que las auténticas son transparentes a los rayos ultravioleta. También se falsifican con dobletes (dos piedras pegadas) o vidrio de color, pero naturalmente a nadie se le ocurre falsificar una esmeralda opaca, en bruto y embebida en roca madre.

APLICACIONES DE LA ESMERALDA

El texto sugiere que la esmeralda refuerza las defensas y el estado general, estimula la cicatrización, mejora la circulación, combate los parásitos y es un potente tónico general. Los antiguos también hablaban muy bien de la esmeralda, pero en términos totalmente distintos: Así, por ejemplo, Plinio dijo que «ningún color es más grato a la vista ... llena los ojos, no los sacia ... amortigua la fatiga»[4]; el obispo Marbodio (1035-1123) decía que la esmeralda inspira respeto, favorece la inspiración e infunde poder de convicción; y San Alberto Magno (1193-1280), que era muy buena para los ojos.

La esmeralda es muy potente y actúa rápidamente. Aunque Gienger (1997) opina que puede utilizarse durante largos períodos de tiempo, será prudente probar sesiones cortas, de un cuarto de hora a media hora, dos o tres veces al día, y no dejarla todo el día sobre la piel. Además, a menos de no pegar un ojo a primeras horas de la noche, solo debe usarse como tónico por la mañana; media hora colgada sobre el pecho puede ser muy reconfortante. Un miembro de «Hildegardiana» tuvo la siguiente experiencia:

> «Me operaron de úvula y el cirujano me pronosticó que tardaría una semana en cicatrizar. Estaba muy molesto y para acelerar la cicatrización me puse una esmeralda en el cuello. La herida cicatrizó en veinticuatro horas ante el asombro de los doctores». [5]

---

4 Ib., 37, 62.

5 Hildegardiana: la asociación de amigos de Santa Hildegarda (www.hildegardiana.es).

Enfermedades. Debilidades

Santa Hildegarda afirma que la esmeralda es poderosa, es decir, que puede contra toda debilidad y enfermedad humana, afirmación sin matices ni restricciones, que vale la pena probar.

Dolor de corazón. Dolor de estómago. Dolor de costado

A quien le duela el corazón, el estómago o el costado tenga una esmeralda junto a sí para que caliente su carne con ella, y mejorará.

> «El año 1995 sufrí un severo infarto al que sobreviví a duras penas; y tuve después dolores en el corazón y mucho miedo de que se repitiera. En consecuencia tomé la gran cura de corazón de Santa Hildegarda con pastillas de trébol griego, bebida de hinojo y mucha galanga. Me puse junto al corazón un colgante de esmeralda que me daba mucha fuerza y tranquilidad. Mi resistencia y mi capacidad de concentración han vuelto y han desaparecido mis rabietas en el trabajo y en casa. Tengo tan estable el corazón y la circulación que puedo jugar al tenis media hora sin agotarme, y ya han pasado nueve años sin ningún problema de corazón ni circulatorio.»[6]

> «Tengo 64 años y hace 34 años sufrí una gripe asiática muy fuerte que nunca se ha curado; después de una recaída contraje sinusitis, ahogos, trastornos del ritmo cardíaco, mala circulación, ventosidades y trastornos intestinales. El colgante de esmeralda me ha ayudado a remontar mi estado de debilidad. Como complemento tomo pastillas de galanga y he cambiado mi alimentación a espelta».

---

6 Tanto éste como los casos siguientes en Strehlow: *Die Edelstein Heilkunde der Hildegard von Bingen. (ver Bibliografía). Augsburg: Weltbild, 2006.*.

Peste. Diarreas

Pero si la peste le inunda de modo que no puede contener sus tormentas[7], póngase enseguida una esmeralda en la boca, para que se moje con su saliva y su saliva se caliente con la piedra, y métela y sáquela de su cuerpo repetidas veces y las repentinas inundaciones de la peste cesarán sin duda.

> «He sido siempre mal comedor, tuvieron que darme alimentación parenteral, y durante cuatro años tuve una grave dolencia de estómago e intestino. Tres médicos y un curandero que consulté no pudieron ayudarme; ni la gastroscopia ni la ecografía encontraban la causa, pero yo sufría meteorismo grave y producía unas explosiones tremendas sobre todo después de comer. Desde que puse una esmeralda sujeta encima del ombligo me han desaparecido estas molestias».

Ataques epilépticos

Y si alguien cae atormentado por la epilepsia, póngasele una esmeralda en la boca mientras yace postrado y reavivirá su espíritu; y después que se levante sáquese él la piedra de la boca, mírela atentamente y diga:

> —Tal como el espíritu del Señor llenó la tierra entera, así su gracia llene la morada de mi cuerpo, para que nunca pueda moverse así.

Y hágalo así los siguientes nueve días por la mañana y se curará. Pero siempre debe tener la piedra junto a sí y mirarla atentamente todos los días por la mañana y decir las referidas palabras mientras la mira, y sanará.

Dolor de cabeza

Y a quien le duela mucho la cabeza debe sostener esta piedra cerca de su boca y calentarla con su aliento para que se ponga húmeda por la respira-

---

7 *Procella*: tormenta, eufemismo por deposicióńes. La peste de que habla puede ser un tipo de cólera, tifus o diarreas.

ción. Y frótela así humedecida por sus sienes y su frente, y después póngasela en la boca manteniéndola un buen rato, y mejorará.

El Dr. Strehlow aporta la siguiente experiencia:

> «Siempre he padecido migrañas con náuseas y vómitos, pero desde que me limpié el intestino con raíz de oso y miel de peras, y llevo permanentemente un colgante de esmeralda, no se han reproducido las migrañas».

Flemas. Saliva

Y quien tenga muchas flemas y saliva, caliente buen vino y después ponga un paño de lino sobre un vasito, la esmeralda sobre el paño, y vierta el vino caliente sobre ella para que el vino atraviese la tela, y hágalo repetidas veces, como el que prepara lejía, y entonces con este vino y con harina de habas, coma frecuentemente la harina de habas y beba frecuentemente el vino así preparado y le purgará el cerebro y disminuirá la flema y la saliva.

> «Desde mi más tierna infancia padecía bronquitis y sinusitis, pero en la escuela y hasta los 25 años estuve bien. Tengo ahora 45 y desde los 25 he vuelto a sufrir muchísimas bronquitis, alergias y últimamente asma. Pero desde que me curo por Santa Hildegarda con elixir de helecho «lengua de ciervo» y de hiedra, polvos de galanga y rábano picante, y me pongo ventosas, mis dolencias se han vuelto soportables. El vino de esmeralda es lo que mejor me ayuda contra las flemas».

Llagas agusanadas

Y si a alguien le comen los gusanos, ponga un paño de lino sobre la herida, y una esmeralda encima, y encima otros pedacitos de paño como quien prepara un cauterio para que la piedra esté caliente y hágalo así tres días y los gusanos se morirán.

Forma de la piedra

En general, la piedra de la que venimos hablando no es necesario que esté tallada, basta una piedra en bruto, aunque esté embebida en un pedazo de roca madre. La esmeralda puede usarse de cualquier forma, sin que esté tallada, pero para meterla en la boca o llevarla en la mano interesa un cristal suelto o una piedra pulida. Para colgársela (¡no de forma permanente!) necesitará tener argolla; en el mercado hay colgantes. Para meterla en la boca conviene sujetarla con una cadenita de metal noble: oro, plata o, las más baratas de rodio. Anillos, pulseras, collares y colgantes son útiles si están en contacto directo con la piel. En caso contrario, adornan mucho a las señoras.

2

JACINTO

El jacinto nace del fuego a primera hora del día cuando el aire tiene un calor suave; es más del aire que del fuego y a veces, a causa del aire que contiene, siente el aire y su calor, pero también es ígneo porque se engendra con fuego.

El hombre que sufre calígine[1] en sus ojos, o cuyos ojos están turbios o supuran, ponga el jacinto al sol. El jacinto recuerda inmediatamente que nació del fuego y se calienta muy deprisa; entonces mójelo enseguida con su saliva y póngaselo rapidísimamente en los ojos para que los caliente. Hágalo a menudo, y el jacinto aclarará sus ojos, que sanarán.

Y si alguien está hechizado por fantasmagorías o fórmulas mágicas de modo que está perdiendo el juicio, tome pan candeal caliente y rebane la corteza superior en forma de cruz, pero sin cortar completamente el pan. Use la piedra de arriba abajo por el corte y diga:

> —Dios mío, Tú que quitaste todas las piedras preciosas al diablo cuando contravino tu mandato, saca ahora de N.[2] todas las fantasmagorías y fórmulas mágicas y líbrale del dolor de esta amencia[3].

---

1 Niebla, nubes.

2 N.: el nombre del paciente.

3 La agencia es para Santa Hildegarda una enfermedad mental distinta ala demencia, la locura y el frenesí. Probablemente signifique "sin juicio". Véase "Causae et Curae" nº 105, 181 y 306

Luego, pase otra vez la misma piedra por el pan caliente de un lado a otro y diga:

> —Así como por su trasgresión se le quitó al diablo el esplendor que tenía en sí, así también salga y desaparezca de tí esta locura que atormenta a N. por diversas fantasmagorías y fórmulas mágicas.

Dele de comer al doliente pan de cerca de la ranura por la que restregó el jacinto. Si no puede comer pan candeal por la debilidad de su cuerpo, entonces con el jacinto y las mismas palabras bendiga como se ha dicho pan ácimo caliente y déselo a comer.

Además, traza la cruz de la misma forma en todos los alimentos calientes que coma, es decir, en las carnes, verduras y el resto de sus alimentos haga cruces, bendígalas con las palabras mencionadas frecuentemente, y se curará.

Y a quien le duela el corazón, haga la señal de la cruz con un jacinto encima de su corazón, diga las mismas palabras, y mejorará.

COMENTARIOS AL JACINTO

¿QUÉ PIEDRA ERA EL JACINTO DEL QUE HABLA SANTA HILDEGARDA?

La palabra jacinto viene del griego *hyákinthos*, y el latín *hiacinthus* (que en algún momento remoto debió sonar algo así como *juakinzus*), pero la palabra es más antigua que el propio idioma griego, y es que se trata de una gema muy apreciada desde antiguo: el ropón litúrgico del Sumo Sacerdote llevaba un jacinto en cada hombrera, cada uno de ellos grabado con los nombres de seis tribus de Israel. En el Apocalipsis, San Juan anuncia que el jacinto adornará el undécimo fundamento de la Jerusalén Celestial. Una miniatura de un manuscrito del *Scivias* de Santa Hildegarda, elaborada en el *scriptorium* de su propio monasterio, muestra una túnica de color rojo vivo que el texto dice que es «del intenso color rojo del jacinto»[4].

---

[4] Santa Hildegarda: *Scivias*, 3ª Parte, Visión 6, 2.

Por su parte, doce siglos antes, Plinio había encasillado al jacinto en la segunda variedad de piedras color púrpura[5], diciendo que era «muy distinta de la amatista; aunque deriva de un color próximo, pero el brillo de amatista se diluye en el jacinto, se desvanece y no sacia, se marchita muy deprisa, como la flor de ese nombre». Recordemos que tanto la amatista como la planta llamada jacinto son de color morado; pero Plinio aún complica más las cosas cuando dice que los jacintos que vienen de Etiopía son «transparentes y de color amarillo dorado».

En 1789 Klaproth descubrió el elemento químico circonio (o zirconio) en los jacintos de Ceilán, y en 1798, Werner le dio nombre, de la palabra *cerkonier* que usaban los joyeros alemanes. Durante los últimos dos siglos, las palabras jacinto y circonio han sido equivalentes. Aunque actualmente la palabra jacinto ha quedado proscrita, es muy posible que Santa Hildegarda llamara jacinto a la misma gema que nosotros llamamos circón rojo procedente de los Montes Eifel en Alemania.

Características del circón rojo

Los silicatos de circonio son de muchos colores, los más frecuentes gris pardo a marrón rojizo, pero también anaranjado, rojo granate, bermellón y rojo carmesí. El circón cristaliza en prismas cuadrangulares terminados en pirámides, u octaedros que pueden ser transparentes, traslúcidos u opacos. Los circones brillan mucho con brillo que puede ser adamantino, vítreo o graso, y tienen mucho fuego porque después del diamante tiene el mayor índice de refracción (1,93). También son muy birrefringentes (1,97), lo que da luz a sus aristas y permite distinguirla de otras piedras parecidas, y presenta luminiscencia de varios colores

Los circones rojos son pequeños y bastante raros y de un encarnado vivo que hay que proteger del sol porque se decolora y pierde brillo.

La densidad es alta, de 4 a 4,07, lo que favorece la formación de placeres. Tiene una dureza de 7,5 y es fácil de exfoliar. Es frágil a la

---

5 Plinio: op.cit., 37, 122, 125, 126. Púrpura es el rojo subido que tiende a violado. (Diccionario de la Real Academia Española)

presión y los golpes, y en el proceso de arrastre normalmente pierde las aristas. La raya y el polvo son blancos. Resiste a la agresión química; no lo funde el soplete ni lo atacan la mayoría de los ácidos. Una vez calentado, fosforece en la oscuridad.

Formación del circón

Los circones se encuentran en rocas de todo tipo, y aunque pueden hallarse embebidos en roca madre, se prefiere extraerlos de los placeres acumulados en los cauces donde se detienen por su gran densidad. Muchas arenas tienen cristales de circonio (de 0,1 a 0,3 mm); pero en placeres, terrenos de aluvión, conglomerados, arcillas y calizas, las piedrecitas son algo mayores. En el Tirol se encuentran también en el exterior de rocas calizas, lo que permite suponer que también se formaron a partir de soluciones acuosas.

Procedencia de los circones

En España se han recogido ejemplares notables en las arenas triásicas de Molina de Aragón y Sigüenza, así como en el valle del Genil y en las arenas de las rías gallegas de Pontevedra y Noya; hay buenos cristales en el Cerro de San Blas de Cáceres y en los granitos del Sistema Central y en el Pato (Asturias) así como en las areniscas de Despeñaperros, Narcea, Cabo de Peñas, zona norte de la provincia de Córdoba; y las calizas de Valdemaqueda (Madrid) entre otros lugares. En Francia se extraen en el Alto Loira, y en Alemania en los Montes Eifel. Los circones comerciales proceden del Sudeste Asiático, de Ceilán a Vietnam, Australia (costa de Queensland) y Nueva Zelanda, además de Brasil, Madagascar y Tanzania.

Confusiones e imitaciones del circón

El circonio rojo podría confundirse con titanita parda de dureza 5 a 5,5; sinhalita parda amarillenta, de dureza 6,5; hessonita parda naranja o con rubelita, una turmalina rojo violada, ambas de dureza 7 a 7,5, y finalmente con el topacio marrón rojizo o rosa, de dureza 8. Los circones transparentes, o que se han calentado para hacerlos transparentes son difíciles de distinguir de los diamantes, hasta el punto de que en otro tiempo se les llamaba «diamantes Matura» por el nombre de la localidad india donde se manipulaban.

En el pasado llamaban jacinto al «de Compostela», un cuarzo rojizo totalmente opaco y perfectamente cristalizado, y «jacinto oriental» al rubí, bastante más caro. Se fabrican circones sintéticos (zirconitas) con fines científicos, para cristales de reloj o para joyería, pero lógicamente no se falsifican circonios en bruto.

APLICACIONES DEL JACINTO

VISTA NUBLADA. OJOS ULCERADOS O SUPURANTES

Santa Hildegarda describe claramente la utilidad del jacinto para la salud de los ojos aquejados de *calígine*, es decir, visión turbia y como a través de nubes que puede deberse a diversas causas. Calentar el jacinto al sol, mojarlo con saliva y ponérselo enseguida encima del párpado. Repetir la operación varias veces al día para que sus ojos se aclaren y curen. Recuérdese que la saliva es un potente antiséptico natural.

El Dr. Strehlow (2006) cuenta que manipulando nitrato de plata se hizo una úlcera en la córnea que le provocó muchos dolores. Una colega oftalmóloga comprobó que tenía agujeritos en la córnea, pero antes de aplicarse el tratamiento convencional, Strehlow optó por aplicarse alternativamente jacinto y zafiro: «Calentaba las piedras al sol, las untaba de saliva y me las ponía encima del párpado varias veces al día. Cuatro semanas después, en la revisión se vió que no solo habían desaparecido los dolores sino también los agujeros y las cicatrices»[6].

6 Strehlow: *op. Cit.,* pp. 89 y 90.

Obsesiones (Alucinaciones. Sugestiones diabólicas. Psicosis. Esquizofrenia. Falta de concentración)

El jacinto refuerza el sentido de la realidad y disminuye las exigencias sexuales o físicas, con lo que ayuda a controlar la mente. Para todas las afecciones que apartan de la realidad, el procedimiento consiste en quebrar en cruz la corteza de arriba de un pan candeal caliente, sin romperla del todo, y luego pasar el jacinto de arriba abajo por el corte diciendo:

> —Dios mío, Tú que quitaste todas las piedras preciosas al diablo cuando contravino tu mandato, saca ahora de N.[7] todas las fantasmagorías y fórmulas mágicas y líbrale del dolor de esta amencia.

Luego, pase otra vez la misma piedra por el pan caliente de un lado a otro y diga:

> —Así como por su trasgresión se le quitó al diablo el esplendor que tenía en sí, así también salga y desaparezca de ti esta locura que atormenta a N. por diversas fantasmagorías y fórmulas mágicas.

Déle de comer al enfermo pan de cerca de la ranura por donde pasó el jacinto. Si no pudiera comer pan candeal por la debilidad de su cuerpo, hágase lo mismo que se ha dicho para el candeal con pan ácimo [una torta sin levadura].

Debe trazarse la cruz de la misma forma en todas los alimentos calientes que coma, es decir en las carnes, verduras y el resto de sus alimentos, bendiciéndolos con las palabras mencionadas. Hágase frecuentemente y se curará.

El Dr. Strehlow (2006) cita el caso de un masturbador compulsivo

> «que además padecía alucinaciones y se sentía fatigado, frustrado, desesperanzado y perdido. Un collar de jacinto, y el pan bendecido con las oraciones prescritas por Hildegarda, así como dos sesiones de sauna semanales reorientaron sus energías al deporte y le ayudaron mucho a mejorar su equilibrio psíquico».[8]

---

7 N.: el nombre del paciente.

8 Strehlow: op. cit, pp.90-91

Dolores en el corazón

El corazón duele de muchas maneras, y avisa siempre. Aquí, como en los demás lugares donde se habla de dolores cardíacos, el texto recomienda algo que puede hacerse hasta que nos vea el médico y que es totalmente inocuo: «Al que le duele el corazón mejorará haciendo con un jacinto la señal de la cruz encima del corazón, diciendo las mismas oraciones anteriores».

Forma de la piedra

Para aplicárselo encima del ojo o rayar la corteza de un pan caliente bastará un circón cristalizado. No será fácil encontrarlo a buen precio de vivo color encarnado, pero sí rojizo o marrón.

3

ÓNICE

El ónice es caliente. Crece alrededor de la hora tercia[1] del día en una nube espesa, cuando el sol arde mucho y también cuando diversas nubes se levantan por encima del sol, de modo que éste no puede aparecer a través de ellas a causa de la inundación de las aguas, por lo cual el ónice no tiene el mismo gran ardor de fuego, sino el calor del aire; y surge de la raíz del sol y lo aglutinan diversas nubes.

Tiene gran eficacia contra las enfermedades que nacen del aire.

Y al que se le enturbian o enferman los ojos de alguna otra manera, es decir, que pierde vista, ponga vino bueno y puro en un vaso de cobre, bronce o acero, meta el ónice en el vino y déjelo en remojo quince o treinta días, y entonces saque la piedra y deje el vino en el vaso, y todas las noches toque un poco sus ojos con este vino, y sus ojos se aclararán y sanarán.

Pero a quien le duele el corazón o el costado, caliente un ónice en las manos o con la piel de su cuerpo y caliente también dos veces al fuego vino en un vasito y después de quitarlo del fuego, sostenga la piedra encima del vino humeante para que el sudor que sale del ónice se mezcle con el vino, y meta después el ónice en el vino y bébalo en seguida, y desaparecerá el calor [sic] de su corazón y del costado.

Y a quien le duela el estómago prepare el vino con ónice como se ha descrito y luego haga un caldo con ese vino, harina y huevos de gallina, y tómelo a menudo. Purgará su estómago y lo sanará.

---

1 Hacia las 9 de la mañana.

Pero a quien le duela el bazo, cocine carne de cabra o de oveja joven y cómala mojada con el vino preparado con ónice como antes se ha dicho, tal como se aliñan ciertas comidas con vinagre. Hágalo a menudo y su bazo sanará y no se inflamará más.

Quien tenga mucha fiebre debe poner el ónice en vinagre durante cinco días y después quitar el ónice, y preparar y aliñar todos sus alimentos con ese vinagre, y comerlos así. La fiebre cesará y desaparecerá suavemente porque el buen calor del ónice mezclado con el calor del vinagre expulsa los humores nocivos de los que nacen las fiebres.

Si está oprimido por la tristeza, mire un ónice fijamente y póngalo enseguida en su boca y cesará la opresión de su mente.

Si una pestilencia infecta y mata a los bueyes, caliente agua al fuego en un recipiente y, una vez retirada del fuego, sostenga un ónice encima del agua humeante para que el sudor que sale de él se mezcle con el agua y pongalo entonces en ese agua durante tres días y después de quitarlo désela a beber muchas veces a los bueyes, salpíqueles el forraje con ella y mézclela con el pienso y déselo a comer. Hágase muchas veces y mejorarán.

COMENTARIOS AL ÓNICE

¿QUÉ PIEDRA ES ACTUALMENTE EL ÓNICE DE SANTA HILDEGARDA?

Ónice viene del griego *onyx*, uña, lo que sugiere las uñas del minero y el buscador de gemas, normalmente sucias de tierra. Los límites del ónice, el sardónice, el ágata y la calcedonia son vagos y han fluctuado mucho, tanto para dar nombre como para encasillar y decir cual engloba a otra. La Biblia menciona al ónice desde el principio, pues dice que había ónice en el país que rodea el primer río que baja del Paraíso[2]; la palabra es antiquísima pero no es seguro a qué piedra se refiere; una traducción española habla de «bedelio y lapislázuli». La Biblia también establece que las hombreras del Sumo Sacerdote lleven cada una un ónice grabado con los nombres de seis tribus cada una, y lo

2 Génesis (en lo sucesivo, Gen.) 2, 12.

menciona en penúltimo lugar entre las piedras del efod del Sumo Sacerdote. No la pone en cambio en la muralla de la Jerusalén Celestial del Apocalipsis. La Kaaba de la Meca, la piedra donde Ismael reposó la cabeza, es un ónice. En el Taj Mahal las inscripciones y versículos están en ónice sobre mármol blanco. Hay quien cree, como Gienger (1997), que en la Antigüedad llamaban ónice a lo que ahora llamamos ágata, y viceversa.

En Turquía y Próximo Oriente llaman ónice a un mármol verde con manchas pardorojizas con la que hacen objetos de lujo, de tazas a mesas o jarrones.

La definición inglesa de ónice (onyx) exige que sea un cuarzo microcristalino lechoso y con bandas.

Según Plinio, el ónice era una piedra con bandas paralelas blancas, canela y negras. El Diccionario de la Real Academia Española dice que lo esencial es que haya mucho contraste de colores entre las distintas bandas. En el comercio se llama ónice al cuarzo microcristalino a bandas blancas y negras o simplemente al cuarzo negro. Quizá fuera esta la piedra a la que se refería Santa Hildegarda; pero si no funciona, basta con probar otra.

CARACTERÍSTICAS DEL ÓNICE

El ónice pertenece a la gran familia de lo cuarzos microcristalinos, y dentro de ella a los que tienen bandas de colores paralelas, más rectas que concéntricas y con gran contraste, como por ejemplo blancas y negras, aunque también se llama ónice al cuarzo microcristalino totalmente negro. Tiene bandas de colores blanco, crema o naranja y negro claramente distinguibles. El negro se debe a la presencia de carbono. El brillo es vítreo pero la refracción es baja (1,53) y la birrefringencia (0,04) escasa, así que carece de fuego. El ónice no es transparente sino translúcido. Bruto y sin pulir se caracteriza por sus bandas paralelas de gran contraste; pero para verlas, la piedra tiene que estar rota, o hay que romperla. Es un óxido de silicio, como todos los cuarzos, y tiene las mismas características que los demás: dureza, 7 y densidad, 2,61.

Los cristales, solo visibles al microscopio, son trigonales. Se halla en piedras o rocas quebradas que llaman la atención por su aspecto llamativamente veteado. Se han utilizado para camafeos, sellos y mangos, y actualmente también para collares y anillos.

Formación del ónice

Hoy en día no podemos traducir a términos científicos actuales la frase de Santa Hildegarda de que «nace a eso de las nueve de la mañana en una nube espesa, cuando el sol arde mucho y también cuando diversas nubes se levantan por encima del sol». Las nubes por encima del sol a las nueve de la mañana son nubes muy altas, cirros, por ejemplo, que evocan las bandas del ágata. Santa Hildegarda dice también que «no procede del magma (fuego) sino del calor del aire; surge de la raíz del sol y lo aglutinan diversas nubes».

Procedencia de los ónices

El ónice está extendido por todo el mundo, y se halla en muchos lugares de la España Silícea y fuera de ella: por ejemplo se puede encontrar en la cara norte del Cerro de los Ángeles (Madrid). Otros lugares son los Montes de Toledo, Sierra Morena, Cabo de Gata (Almería), Alburquerque o (Teruel). Los yacimientos industriales se encuentran en Uruguay y sur de Brasil, así como en la India.

Confusiones e imitaciones del ónice

El ónice puede confundirse con el ágata (cuyas bandas son concéntrica), el sardónice (cuyas bandas son más bien rojizas o marrones), la cornalina (cuyas bandas son claras, todo lo más color cuerno), o la calcedonia de gamas grises que suele estar teñida de azul. Los talleres de tallado falsifican el ónice por sistema; empapan ágatas con una solución de miel que calientan hasta que el azúcar se carboniza. Para tener garantias de autenticidad es preferible un ónice simplemente pulido, o, a ser posible, un canto rodado negro del tamaño de un guijarro, gravilla o garbanzo.

APLICACIONES DEL ÓNICE

ENFERMEDADES QUE NACEN DEL AIRE

Al hablar del gran poder del ónice «contra las enfermedades que nacen del aire», el texto parece referirse a los microoganismos, alergias, intoxicaciones y envenenamientos que entran con la respiración, quizá porque refuerce las defensas de las mucosas nasales. En ese sentido, incluiría la malaria, transmitida por un mosquito.

Otros interpretan, sin embargo, que la frase se refiere a las bruscas variaciones atmosféricas que desencadenan en el ser humano «tempestades de humores nocivos», tal vez pensando en el viento *föhn,* que cuando sopla de los Alpes sobre Baviera coincide con una ola de crímenes, suicidios y conductas anormales.

VISTA NUBLADA

El ónice era famoso en la antigüedad remota para proteger los ojos y contra el mal de ojo. Santa Hildegarda no habla de ello, y dice que cualquier enfermedad de los ojos causada «de otra manera» (tal vez heridas de la córnea, ojos irritados por contaminación, frío, calor o humedad) se cura poniendo un ónice en vino en un recipiente de acero quince días en la nevera. Después saque la piedra y deje el vino, y dése todas las noches antes de acostarse un poquito de este vino en la cara exterior de los párpados y en las ojeras, hasta que se curen sus ojos.

DOLORES DE COSTADO. DOLOR DE CORAZÓN

Todos los dolores de costado y de corazón son de cuidado, y hay que acudir al médico cuanto antes. Pero a falta de otro remedio, y mientras no reciba asistencia facultativa, puede probar el consejo de Santa Hildegarda, que es muy sencillo. Póngase un ónice entre la camiseta y la piel para que se caliente. Mientras tanto caliente vino hasta que humee. Quítese el ónice y póngalo en uno de esos cacharritos donde se pone el té para meterlo en la tetera, y espere a que se formen gotas en la piedra y vuelvan a caer otra vez al vino. Cuando esto ocurra, meta el ónice en el vino y bébaselo enseguida y desaparecerá el calor [sic] del corazón o del costado[3]. El Dr. Strehlow (2006) atribuye al ónice gran eficacia contra la angina de pecho e informa del siguiente caso:

> «Especialmente en invierno y con las primeras nieves me duele el corazón con un dolor que llega al brazo izquierdo y que me preocupa mucho, para el que siempre me ha ayudado mucho el vino de ónice y la sopa de gallina preparada con él. Además suelo llevar una cadena con ónice que me quita la depresión»[4].

DOLOR DE ESTÓMAGO

A quien le duela el costado, haga lo mismo que antes, pero en vez de beberse el vino, sin más, haga con él un caldito con harina y huevos, que le sentará, purgará y curará el estómago.

DOLOR DE BAZO

A quien le duela el bazo (a la izquierda y a la altura de la cintura), coma con frecuencia cabritillo o cordero pascual, asado o cocido, aliñado con el vino de ónice que se ha descrito, igual que se aliñan las comidas con vinagre, pero sin usar vinagre.

MUCHA FIEBRE

Para un enfermo con mucha fiebre, se pone el ónice cinco días en vinagre, y después de retirarlo se aliñan y preparan todos los alimentos del enfermo con ese vinagre, y la fiebre desaparecerá poco a poco.

---

3 El texto dice «calor», no «dolor». Quizá con la práctica se llegue a explicar esta aparente errata.

4 Strehlow, op. cit, p.112.

Depresión. Tristeza. Ansiedad

Quien se sienta aplastado por la tristeza, ya sea por una causa próxima y real, ya sea por un estado depresivo, que contemple el ónice fijamente un rato, tanto como pueda sin distraerse, y métaselo enseguida en la boca. Desaparece la sensación de estar abatido y aplastado.

Una amiga sufría ansiedad permanente y al enterarse de las piedras de Santa Hildegarda, probó con una calcedonia que llevó tres semanas en contacto con la piel sin ninguna mejoría. Entonces cambió a un ónice, que se puso en la cinta del sujetador y cuando le preguntamos una semana después, nos comunicó feliz que su ansiedad había desaparecido.

Vale la pena señalar en este caso que a) la señora aceptó encantada la mejoría pero no sintió la necesidad de comunicarla, conducta bastante frecuente; b) se puso el ónice en contacto con la piel, pero ni lo miraba ni se lo metía en la boca, y c) es dudoso que la curación sea psicosomática ya que antes había comprobado el fracaso de la calcedonia.

Peste bovina

En caso de una epidemia bovina, debe preparar agua de ónice de la siguiente manera: calentar agua hasta que humee. Una vez retirada del fuego sostenga el ónice encima en el cacharrito del té hasta que se formen gotas en la piedra («sude») y vuelvan a caer en el recipiente. Deje el ónice en esta agua durante tres días, retírelo luego y abreve con ella a los animales, salpíqueles el forraje, mézclela con pienso y déselo a comer.

Formas de la piedra

Para meterlo en agua, prepare agua o vino de ónice, e introduzca en la boca un canto rodado de ónice. Es preferible que no esté muy pulido ni sea muy negro, porque entonces probablemente esté teñido con azúcar.

4
BERILO

El berilo es caliente y crece de la espuma del agua cada día, de nueve de la mañana a mediodía, cuando el sol la incendia con fuerza. Su energía es más del aire y del agua que del fuego, pero también tiene algo ígneo.

Si alguien ha comido o bebido veneno, raspe enseguida un poco de berilo en agua de una fuente viva, o en cualquier otra clase de agua, y bébala inmediatamente. Bébala en ayunas una vez al día durante cinco días y expulsará el veneno con vómitos o le saldrá por el trasero.

Quién tenga siempre berilo consigo, sosténgalo en la mano y mírelo a menudo; no litigará fácilmente con otros hombres ni se peleará, sino que permanecerá tranquilo.

COMENTARIOS

¿QUÉ PIEDRA ERA EL BERILO?

Pues, con mucha probabilidad, la misma que hoy llamamos berilo. La tradición es muy coherente y hace ya dos mil años Plinio escribía sobre la familia del berilo en términos que todavía sirven hoy[1]. Según San Jerónimo, el berilo estaba en el efod del Sumo Sacerdote judío y

1 Plinio: op, cit., 37, 76-80.

estará en octavo lugar entre las piedras que adornarán los cimientos de la Jerusalén Celestial. La palabra berilo parece que viene del griego *beryllo*, que significa piedra preciosa en general; no sabemos exactamente qué color asociaba Santa Hildegarda a esta palabra, pero seguramente se refería con ella a un berilo muy claro o todo lo más verdeazulado, ya que es posible que por entonces se usaran en Alemania las gafas de berilo que han dado nombre a las gafas en alemán (*Brillen*, que no viene de «brillo» sino de *Beryllen*, berilos).

Características del berilo

Tal como ya sabía Plinio, los berilos son una familia más bien que una piedra, y están emparentados con la esmeralda. Menos ella que es un berilo intensamente verde, todos los demás se llaman berilos, aunque la pasión clasificadora del ser humano les haya ido dando nombres: *aguamarina* llamaban antes a los berilos verdemar y llaman ahora a los celestes o azul marino; *heliodoro* a los amarillos y dorados; *goshenita* (o berilo a secas) a los transparentes; *morganita* a los rosados; y *bixbita* a los francamente rojos.

El berilo varía entre la total transparencia y la casi total opacidad. Todos tienen brillo vítreo, y 1,57 a 1,58 de refracción, con escasa birrefringencia. A veces cambian de color según la dirección en que se miren, o tienen asterismo, es decir que los brillos de la luz en su interior forman una estrella, u *ojo de gato,* que es un brillo estrecho, móvil y de color distinto.

Los berilos eran muy raros hasta no hace mucho tiempo, pero ahora son relativamente abundantes, porque los hay en muchos sitios. Son silicatos dobles de aluminio y berilio a los que dan color la presencia de ínfimas cantidades de cromo en la esmeralda, de hierro en la aguamarina y el berilo dorado, y de uranio en el heliodoro. Los berilos verdes que no son esmeraldas deben su color al hierro y no al cromo pero es un verde muy distinto.

La raya es blanca, tienen 7,5 a 8 de dureza y son frágiles y sensibles a las presiones. No se exfolian o solo lo hacen por la base; su fractura es concoidea o astillosa. Su densidad, en torno a 2,7 ó 2,8 a veces no es suficiente para formar placeres.

Los berilos pueden ser muy grandes, prismas de medio metro de lado y hasta un metro de largo. Cristalizan en prismas hexagonales agrupados en un haz de bastones o en drusas en el exterior de las rocas. Los cristales tienen dentro finos canales llenos de gases, que parecen filamentos blancos. Las caras presentan estrías.

Formación del berilo

Los berilos se hallan en los granitos y pegmatitas cerca de chimeneas eruptivas. La roca madre se deshace, el berilo cae al río y éste se los lleva a tierras lejanas.

La explicación que da Santa Hildegarda es correcta: su energía viene más del aire y de una sopa, es decir más de agua hirviente con solutos que del fuego (magma) aunque también tenga algo de éste. Al decir que «crece de la espuma del agua» significa que crece de las soluciones que lleva el agua, pues en el lenguaje hildegardiano, «espuma» equivale a suciedad o impurezas.

En cambio, con nuestros conocimientos actuales no es fácil saber qué significa que crezca cada día de doce a tres de la tarde, ni que lo haga precisamente a causa del ardor del sol, aunque es evidente que sus largos cristales se han ido formando día a día y no de una sola vez

Procedencia de los berilos

Hasta ahora, los berilos hallados en España no son buenos, sino ordinarios y turbios. Pueden hallarse en Santiago de Compostela y en puntos de la provincia de Pontevedra. En Europa, se hallan berilos en los Urales, Francia, Inglaterra y Alemania, y fuera de ella, en Colombia, así como en los Estados Unidos, Brasil, Corea del Sur, África y Madagascar, isla que produce piedras bellísimas.

Confusiones e imitaciones del berilo

El berilo es inconfundible por lo duro que es. Falsifican aguamarinas calentando topacios, pero los colores de aquélla son más delicados y sugerentes, mientras que el azul del topacio recalentado es enérgico, uniforme y en cierto sentido, «moderno». Una hermosa piedra de limpio y fuerte color azul seguramente no es un berilo. Las aguamarinas también se imitan con turmalinas y circones y se falsifican con espinelas artificiales que se hacen pasar por berilos. Casi todas estas piedras están tratadas para darles color. Por otra parte, los berilos sintéticos no tienen utilidad comercial.

Pero a menos que uno quiera precisamente una hermosa aguamarina, se puede tener la seguridad de que un pedazo de cristal de berilo en bruto, transparente o de color desvaído o turbio, es lo que debe ser y además, barato.

APLICACIONES DEL BERILO

El berilo era una piedra prestigiosa en la Antigüedad y la Edad Media, a la que se atribuían muchas capacidades que Santa Hildegarda desdeña porque solamente le atribuye dos: antídoto contra venenos y sedante para mantener la calma.

ANTÍDOTO DE ALÉRGIAS, INTOXICACIONES Y DROGODEPENDENCIAS

Santa Hildegarda recomienda que en caso de envenenamiento (y en lenguaje de hoy esto significa una gama amplísima de intoxicaciones y alergias) se ralle inmediatamente berilo en agua de manantial y se beba en ayunas una vez al día durante cinco días.

El remedio es claro pero no es sencillo, pues no hay lima que ralle el berilo, que es mucho más duro que el acero. La única opción, impensable en otros tiempos, pero perfectamente posible en nuestros días, es proveerse con tiempo de este polvo, a base de machacar y pulverizar berilos, subproducto abundante de la extracción de esmeraldas. Los berilos son muy duros pero también muy frágiles y nada tenaces, de modo que no es nada imposible reducirlos a polvo. Ahora bien, esta no es tarea para hacerla personalmente porque cada mota de berilo es tan dura, áspera y aristada como un cristal de berilo, e inhalarlo al pulverizar la piedra puede tener peores resultados que la alergia o intoxicación que queríamos combatir.

No sabemos si alguien ha usado este remedio hildegardiano, pero al menos en Colombia no debería ser difícil hacerse con berilo en polvo. En caso de envenamiento, lo primero es llamar al 112.

Tanto Gienger (1997) como Strehlow (2006), en lugar de rallarlo proponen dar de beber «agua de berilo», un agua en la que se ha puesto berilo durante unos días. Está claro que con ello pierde la inmediatez como antídoto que ofrecía el rallado, pero ambos afirman que sigue siendo eficaz, por ejemplo, en alergias, intoxicaciones o drogodependencias, es decir, casos que no tienen la urgencia del envenenamiento «clásico».

TRANQUILIDAD, SIN PELEAS NI LITIGIOS

La segunda utilidad que cita Santa Hildegarda es para mantener la calma y permanecer tranquilo; basta tener un berilo en la mano. Permanecer tranquilo, sin pelear ni litigar con otros hombres es una gran promesa. Ciertamente, quien se procura un berilo y lo lleva en la mano está revelando su predisposición pacífica; el problema es que el ser humano, especialmente en latitudes de sol inclemente, rebasa sin querer los límites que él mismo se marca y la conducta irritante u hostil del prójimo puede dar al traste con las mejores intenciones. Por eso el remedio que ofrece Santa Hildegarda es estupendo para todos, y especialmente para quienes conservamos penosos recuerdos de haber perdido los estribos al dejarnos provocar.

El Dr. Strehlow (2006) cita el caso de un perfeccionista que hacía la vida imposible a quienes le rodeaban y en primer lugar a su esposa, que le aguantaba ejemplarmente:

> «Pero desde que lleva un anillo de aguamarina tiene una paciencia angelical: Me recuerda que no es importante tener razón, que es más importante gustar la vida y gozarla como es sin rabia ni contradicción. Desde que lleva el anillo está sosegado y no se irrita por pequeñeces, como antes».[2]

---

2 Strehlow: op.cit, p. 100

Como experimentación adicional podría probarse si el berilo sirve como sedante y relajante.

Forma de la piedra

Tanto para el agua de ónice como para llevarla en la mano, pedazo de cristal de berilo o un canto rodado. Para usarlo como antídoto habría que gestionar la adquisición de polvo de berilo.

Cristal opaco de esmeralda de 2 cm embutido en roca madre y varias esmeraldas en bruto, la mayor de 13 mm , desgajadas de la roca, sin la transparencia, el brillo ni el verde de las esmeraldas de calidad gema.(Cap.1. Esmeralda)

Un hermoso cristal de circón, color marrón rojizo y de 1 cm de arista, embutido en su roca madre. A la derecha, circón marrón rojizo de las mismas dimensiones, muy pulido por el transporte. (Cap.2. Jacinto)

A la izquierda un precioso ónice pulido de brillo vítreo, y a la derecha varios ónices, algunos con rayas, circulo, o manchas blancas (Cap. 3. Ónice)

Cristal de berilo de 3 cm . (Cap. 4. Berilo)

Fragmento de sardónice en bruto de 3 cm , cortado artificialmente para mostrar las capas alternativamente claras y marrones, a veces interrumpidas. Este sardónice recibe también el nombre de «jaspe cebra». (Cap. 5. Sardónice)

Cristal de zafiro de baja calidad en bruto; los brillos de la foto le hacen aparecer más claro de lo que en realidad es.

Varios cantos rodados de lapislázuli muy pulidos. (Cap.6. Zafiro)

Un bonito sardo pulido y con "ojos", restos de fósiles de caracoles o conchas rellenos de sílice. (Cap. 7. Sardo)

Fragmento de roca compuesta de pequeños cristales de olivino (hasta 2mm), de distintos tonos de verde; es una roca que se rompe fácilmente. (Cap. 9. Crisólito)

Fragmento de cristal de topacio imperial que muestra delante su fractura muy irregular y pequeño topacio imperial de 3 cm , prisma de base rómbica terminado en punta con las aristas achaflanadas. Nótense las estrías alargadas de sus caras visibles. (Cap. 8. Topacio)

Jaspes color hígado de Brasil, y juego de jaspes recogidos en un barranco cerca de Guijosa (Guadalajara). (Cap. 10. Jaspes)

Calcedonia en bruto del Cerro de los Ángeles (Madrid), pequeño colgante de calcedonia azul de Namibia, y otro colgante con una laja de calcedonia brasileña en bruto y engastada en plata. (Cap. 12. Calcedonia)

Varias crisoprasas de color verde desvaído, y otra más grande, 3 cm , intensamente verde y con inclusiones doradas de mica o de pirita. (Cap 13. Crisoprasa)

En la esquina roja de la roca madre, un rubí embutido. La roca está rodeada por cinco grandes cristales de rubí de distintos matices cada vez más rojos, y otros seis más pequeños y de más color, todo ello rodeado por una bonita pulsera de rubíes de buen tamaño. (Cap. 14. Carbunclo)

Amatista arrancada de la drusa, y gran fragmento de drusa con cristales de aspecto ligeramente polvoriento, prueba de que no están tratados artificialmente. (Cap.15. Amatista)

Composición con una laja de ágata, corte de una geoda; un guijarro de ágata de 5,5 cm ; y un fragmento de filón de ágata con bandas grises. En la otra foto, fragmento de ágata en bruto muestra la diferencia de color de dos bandas contiguas (Cap. 16. Ágatas)

Dos cristales de prasio de las islas mediterráneas.
(Cap. 11. Prasio)

Dos diamantitos de 4 mm muestran sus característicos brillo y aspecto de «requemados».
(Cap. 17.Diamante)

Octaedro de magnetita con los vértices achaflanados. (Cap. 18. Magnetita)

Dos cristales de roca paralelos. (Cap. 20. Cristal de Roca)

Oolitas recogidas en la corriente marina de un cayo de las Bahamas. (Cap. 21)

Un bonito canto rodado pulido de cornalina. (Cap.23. Cornalina)

5
SARDÓNICE

El sardónice es caliente y crece cada día desde que ha pasado el mediodía hasta cuando apenas ha rebasado las tres de la tarde, y entonces se calienta por el sol puro que luce en toda su pureza, porque entonces el aire empieza a enfriarse, y el sardónice es más del fuego que del aire o del agua.

Tiene vigorosas energías en su naturaleza; da algo de fuerza a cada uno de los cinco sentidos de una persona y es un remedio particular para ellos, porque nace en la pureza del sol, cuando ninguna fetidez ensucia su claridad.

Pues cuando el hombre lo ponga pegado a su piel desnuda, y también lo coloque en la boca con frecuencia de manera que su aliento la toque, cuando lo expire de sí y luego se lo quita, fortalece con ello su inteligencia, el conocimiento y todos los sentidos corporales,

De igual modo también desaparecen de ese hombre la ira vehemente, la estupidez, y el desorden.

Hasta el diablo, a causa de esta limpieza, huye lleno de odio.

Si un hombre o una mujer tiene una naturaleza que arde fuertemente en el gusto de la carne, él debe poner el sardónice en la riñonada y ella sobre el ombligo, y se aliviarán la líbidine.

Pero cuando alguien sufra fiebre aguda, y después de haberla sudado se encuentre mejor, ponga enseguida sardónice en un anillo en su dedo y no recaerá en ella.

COMENTARIOS AL SARDONICE

¿QUÉ PIEDRA ES HOY EL SARDÓNICE QUE DICE SANTA HILDEGARDA?

Sardónice es palabra compuesta de sardo y ónice y a veces la llaman así: ónice sardo, seguramente porque combina bandas de los colores característicos del sardo (marrones y rojizos) con los del ónice (cremas, blancas y negras). El sardónice figura en sexto lugar entre las piedras que adornarán los cimientos de la Jerusalén Celestial pero no estaba en el efod del Sumo Sacerdote. Los romanos la usaban para estatuillas de premio al valor, para sellar con cera su correspondencia y para camafeos. Plinio señala la dificultad de identificarlo exactamente y dice que se distingue por:

> «Su blancura asentada sobre la cornalina, como si fuera un pedazo de carne puesto sobre la uña humana [...] La base es negra o azulada, la uña imita al bermellón, está rodeada de un blanco graso y sugiere cierto matiz púrpura al pasar del blanco al bermellón [...] son las únicas piedras que tras ser talladas no se llevan la cera al sellar con ellas».

Es muy probable que Santa Hildegarda llamara sardónices a las mismas piedras que hoy llamamos así, con unas bandas de color lechoso y otras rojizas o marrones, a partir de una corteza oscura o negra.

CARACTERÍSTICAS DEL SARDÓNICE

De acuerdo con la clasificación actual, el sardónice (que a veces se ve citado como «sardonia») es una calcedonia, es decir, un cuarzo microcristalino con bandas paralelas de colores lechoso, marrón rojizo y negro. En capas delgadas es ligeramente translúcido, pero generalmente es opaco y nunca transparente; un fragmento en bruto puede parecerse al corte de una tarta; un canto rodado de sardónice a un caramelo de café con leche.

También se llama sardónice a la piedra de solo dos colores (marrón rojizo o crema, y blanco). El índice de refracción es 1,53 a 1,54, y aunque suele decirse que tiene brillo vítreo, las distintas capas de algunos camafeos tienen un brillo peculiar, sedoso o satinado. Químicamente es un óxido de silicio, como todos los cuarzos, coloreado por óxido de hierro. Su dureza es 7, la densidad 2,61, carece de exfoliación y la fractura es irregular.

Formación del sardónice

El proceso de formación es el mismo de todas las calcedonias. En el caso de los cuarzos microcristalinos en bandas, Santa Hildegarda explica que el sardónice se forma al contacto de una crecida de aguas muy cargada de soluciones con una tierra abrasada en la que precipitan sucesivamente distintos estratos de microcristales de cuarzo portadores de impurezas de distinta densidad y naturaleza.

Santa Hildegarda precisa exactamente que crece desde el mediodía hasta las tres en punto, ni antes ni después, porque el sol luce entonces en toda su pureza; una afirmación que no es fácil de interpretar a menos que signifique exactamente que cada día solo crece esas tres horas. También dice que es más del fuego (magma) que del aire o del agua, lo que podría significar, que su nacimiento depende más de una erupción que de la metamorfosis posterior.

El sardónice se encuentra en pegmatitas, granitos y rocas volcánicas o hidrotermales, o formando parte de la costra de una geoda o costras de roca. En la gravilla puede encontrarse sardónice en forma de cantos rodados; no pierda ocasión de explorar un saco de gravilla o de garbanzo de una obra, que puede proporcionar agradables sorpresas. Una vez pulido, el sardónice adopta el aspecto lechoso o translúcido de la leche condensada tostada que en Hispanoamérica llaman «manjar».

Procedencia de los sardónices

Los sardónices se trabajaban sobre todo en Alemania, en Idar Oberstein, donde ya había talleres en tiempos de Santa Hildegarda. Actualmente, los sardónices proceden de Brasil, Australia, China, India y Namibia.

Confusiones e imitaciones del sardónice

La denominación actual del sardónice es imprecisa, y en el comercio se pueden encontrar sardónices clasificados como ágatas, calcedonias, cornalinas, ónices o sardos, y se puede estar satisfecho si se encuentra una piedra auténtica con bandas de dos colores.

En principio, un cuarzo microcristalino con bandas blancas y rojizas es sardónice, pero al adquirirlo hay que tener en cuenta, lo ya dicho: que pueden ofrecerlo bajo nombres muy distintos (ágata, calcedonia, cornalina o sardo) y que casi todo lo que está a la venta con mucho colorido son ágatas grises teñidas. El teñido no es invención moderna ya que se viene practicando desde los romanos, pero desde 1920 se hace con carácter industrial con colorantes inorgánicos para que los colores no se degraden. Las bandas blancas son más densas y no toman color; pero las rojizas se obtienen bañando la piedra en óxido de hierro o calentando las amarillas; y el negro se obtiene con una solución concentrada de azúcar calcinada con ácido sulfúrico. Por eso lo mejor es buscar una piedra poco llamativa; un canto rodado o un trozo de costra de geoda que tenga poco más o menos bandas marrones y claras. También se puede probar con un camafeo.

APLICACIONES DEL SARDÓNICE

Como de costumbre, Santa Hildegarda no dice lo mismo que los lapidarios anteriores y posteriores a ella. El obispo Marbodio y San Alberto Magno dicen que el sardónice viene de la India y es bueno para el hombre casto, recatado y prudente, pero Santa Hildegarda dice que el sardónice tiene energías vigorosas, y que con ponerse el sardónice junto la piel y llevarlo con frecuencia un momento a la boca, lo justo para que nuestro aliento lo toque al exhalarlo y retirándolo enseguida, se consigue mucho.

Refuerza, afina y cura los cinco sentidos

El sardónice no solo añade «alguna virtud» (refuerza, afina, agudiza, amplía) a la vista, el oído, el olfato, el tacto, y el gusto, sino que además es su remedio específico. Gienger (1997) afirma que comprobó repetidas veces cómo mejoró su agudeza visual, restauró su olfato, desaparecido hace años, y cómo le desaparecieron los zumbidos del oído dando paso a una audición normal; «incluso pude experimentar un afinamiento de los sentidos que iba desde la extrema agudeza auditiva hasta la percepción visual de fenómenos energéticos»[1]. La protección y el buen funcionamiento de los sentidos es básica para disfrutar buena salud.

Fortalece el entendimiento y el conocimiento. Capacidad de concentración

Inteligencia y ciencia van unidas a la capacidad de concentración, que es lo que que refuerza el sardónice. Strehlow (2006) cita una paciente que:

> «Rezaba a gusto y dedicaba todos los días un rato a meditar, a lo que la ayudaba un sardónice grande que había puesto en el rincón donde rezaba. Además llevaba siempre un anillo de sardónice, y en su vida diaria percibía la intensa protección que emanaba».

Desaparecen la ira vehemente, la estupidez y el desorden. Dominio de sí

Parece que el efecto conseguido por el sardónice es un refuerzo del dominio de la voluntad sobre las reacciones involuntarias, lo que mejora el comportamiento. Strehlow cita el caso de una monja torpe:

---

1 Gienger: Piedras que curan. Sardónice.

«Aunque vivo en un convento, soy muy nerviosa y frecuentemente tengo pequeños accidentes, tropiezo con casi todo y casi siempre tengo cardenales. Mis hermanas en religión se ríen de mis nervios, lo que aumenta mis sufrimientos. Pero desde que llevo un collar de sardónice debajo del hábito he comprobado que tengo más seguridad y confianza en mí misma; me siento mucho más equilibrada y controlo mejor mis nervios y mi cuerpo».

El diablo lo huye lleno de odio

Como dice también el Prefacio de este Libro acerca de otras piedras preciosas, Santa Hildegarda afirma que el demonio huye encolerizado de la belleza del sardónice. De nuevo apunta aquí a cierta cualidad de las gemas, todavía desconocida para nosotros, que es tan importante, transcendente y expansiva como para hacer huir a poderosos enemigos espirituales. Algo que escapa por ahora a la limitación de los sentidos humanos y de los instrumentos que los amplían, pero que tal vez se descubra algún día con el mismo maravillado asombro con que lo fueron los rayos X a fines del siglo XIX.

Castidad

Santa Hildegarda dice que si un varón ardiente quiere ser casto encontrará alivio si se pone sardónice en la riñonada; y que en el mismo caso, una mujer deberá ponérsela en el ombligo. El ombligo femenino y la riñonada masculina son, según el «Libro de causas y remedios de las enfermedades» los lugares donde se produce la transformación del deseo sexual que parte de la médula.

Evita las recaídas en la fiebre

Es difícil saber qué quiere decir aquí exactamente la palabra alemana «Sucht» que hoy se emplea para adicciones y toxicomanías, y que probablemente signifique aquí una fiebre aguda. Pero lo que Santa Hildegarda nos indica es la protección contra las recaídas, al combinar las propiedades de la calcedonia, el sardo y el ónice. Gienger resalta que es importante utilizarlo solamente cuando la fiebre baja después de sudar, pues no se trata de «bajar» la fiebre, que es la reacción natural de nuestro sistema inmunitario. El sardónice refuerza la protección contra las recaídas de la convalecencia. Las infecciones siempre pueden volver y las recaídas son peores, sobre todo para el corazón. Por eso Santa Hildegarda recomienda llevar anillo de sardónice después de una infección.

Neurodermitis

Según Strehlow (2006), el sardónice protege también contra formas muy extendidas de neurodermitis.

Forma de la piedra

Un canto rodado con argolla o un colgante.

6

ZAFIRO

El zafiro es caliente y crece según el tiempo de mediodía, cuando el sol arde tan fuertemente que el aire está un poco obstruido por su ardor, y entonces el esplendor del sol, del mucho ardor que tiene en ese momento, transverbera de tal modo el aire que no aparece entonces tan plenamente como cuando el aire está algo templado.

Y el zafiro es también turbio y más ígneo que aéreo o acuoso, y simboliza el pleno amor a la sabiduría.

El hombre que tiene una excrecencia en la conjuntiva, que sostenga en su mano un zafiro y lo caliente en ella o al fuego, y toque la excrecencia con el zafiro mojado tres días por la mañana y por la noche y el pellejo disminuirá y se desvanecerá.

Y si los ojos de alguien se enrojecen e irritan a causa del dolor o se le nubla la visión, ponga en su boca un zafiro en ayunas y mójelo con su saliva, y con el dedo tome saliva de ésta que ha mojado la piedra y úntela alrededor de sus ojos de modo que también toque el interior de los ojos, que sanarán y se aclararán.

Y el hombre que está todo él paralizado por la gota y no puede tener paciencia por la mucha opresión de cabeza y del resto del cuerpo, ponga esta piedra en su boca y le cesará la gota.

También, el hombre que desea tener buena inteligencia y buen conocimiento, al levantarse de la cama cada día ponga zafiro en su boca mientras está en ayunas, manténgalo un ratito en la boca, es decir el tiempo suficiente para tragar suficiente saliva de la que ha mojado al zafiro, y luego sáquelo de la boca. Ponga a calentar al fuego un poco de vino en un recipiente, y sostenga el zafiro al vapor del vino para que el zafiro se humedezca sudando. Lama esta humedad con la lengua, y el vino llevará al vientre del hombre la saliva calentada con la piedra, y así tendrá pura inteligencia y pura ciencia, y con ésto también sanará su estómago.

Pero quien es tonto de modo que le falta toda ciencia, pero también quiere ser prudente y no puede serlo, y no mira para atrás con malicia ni tiende a ella, unte en ayunas su lengua con frecuencia en el zafiro, y su calor y virtud, con la humedad caliente de su saliva, harán huir los humores nocivos que le oprimen el intelecto y así tendrá buena inteligencia.

Y quien se encoleriza mucho, ponga enseguida un zafiro en su boca y así la ira se extinguirá y cesará. Que si esta piedra está puesta en un anillo de oro purísimo, es decir, acrisolado, sin hojalata, y si debajo de esta piedra no hay nada más que oro, entonces este hombre ponga en su boca como medicina este mismo anillo sin hojalata en el que está puesta la piedra y no le dañará. Pero si en el anillo hay cualquier otra cosa además de oro, entonces no sirve y no se lo ponga en la boca porque allí hay diversidad en el anillo.

Y si algún hombre está poseído por un espíritu maligno, que otro hombre ponga el zafiro en tierra, recoja la tierra en una [bolsita de] cuero y se la ponga al cuello al poseso y diga:

—Oh tú, espíritu inmundo, vete rápidamente de este hombre como rapidísimamente en tu primera caída te abandonó el esplendor de tu gloria.

Y este maligno espíritu se retorcerá mucho y se retirará de este hombre a menos que sea un espíritu muy fuerte y malísimo, y el poseso mejorará.

Si el diablo instigara a un hombre al amor de una mujer de modo que sin magia y sin invocación a los demonios empezara a volverse loco de amor, y esto fuera molesto a la mujer, que ella misma vierta tres veces vino sobre un zafiro diciendo cada vez:

—Yo vierto sobre tíieste vino en tus ardientes fuerzas lo mismo que Dios te quitó tu esplendor, ángel pecador, para que quites de mí el amor ardiente y libidinoso de este hombre.

Y si la mujer no lo quiere hacer, hágalo por ella otro hombre al que le sea molesto este amor, y déle a beber tres días o más este vino a ese hombre [loco de amor] en ayunas o en la comida, sabiéndolo o sin que lo sepa. Pero si también una mujer arde de amor por un hombre, y esto le es molesto a ese hombre, hágale éste a la fémina lo que se ha dicho antes con vino y zafiro y le cesará el amor ardiente.

COMENTARIOS AL ZAFIRO

¿A QUÉ PIEDRA LLAMABA ZAFIRO SANTA HILDEGARDA?

La palabra zafiro es verdaderamente antigua y figura en el libro del Éxodo prácticamente como ahora: *sappir*, que parece significaba «pulcro». De *sappir* era el campo (fondo) del estandarte de Ur, con los típicos guerreros chaparretes sumerios tallados en concha. Dicen (pero no lo hemos comprobado) que el Poema de Gilgamesh habla del *sappir*.

La palabra pasó al griego y al latín casi tal cual: los griegos la llamaban *sappheiros* (piedra azul) y los romanos *hyacinthus* por su color, parecido al de la flor de la planta llamada «jacinto azul». Parece que el mundo clásico no designaba con esta palabra a lo que hoy llamamos zafiro, sino a lo que ahora llamamos lapislázuli. Plinio, que fue el gran naturalista y mineralogista del Imperio Romano, llamaba *sapphirus* al lapislázuli, y *hyacinctus cyanus* (jacinto azul), al zafiro de nuestros días, y esta situación parece que se mantuvo hasta algún momento de la Edad Media, en que se produjo el doble cambio de nombre de lo que hoy llamamos lapislázuli, piedra azul opaca, y zafiro, el cristal de corindón azul.

Unos cien años antes de Santa Hildegarda, el lapidario del obispo Marbodio versificó extensa y elogiosamente lo que él llamaba *sapphirus* con informaciones contradictorias, porque por un lado escribe que nunca es transparente y que el mejor viene de Media, conforme a la vieja tradición de que el mejor lapislázuli viene del Badajstán en el Hindukush afgano, pero también afirma que «refulge bellamente», cosa que ni con mucha imaginación puede decirse del lapislázuli en bruto.

La evolución pudo ser así: al *sapphirus* de Plinio, opaco y manchado, se llamaba en Centroeuropa en el siglo XIV *lazurstain*, es decir, *Lazûr Stein*, piedra azul en viejo alemán o *lapis lazuri*, que es lo mismo pero en latín. Mientras tanto, la piedra que ahora llamamos zafiro y que entonces se conocía como «jacinto véneto» (de Venecia, por su hermoso azul cristalino) la habían empezado a llamar también «jacinto zafirino» por su bonito color azul, y con el tiempo se quedó en «zafiro» a secas.

Para no confundir la piedra azul dura, transparente y cristalina con la piedra azul blanda, opaca y amorfa, dejaron el nombre de zafiro para la cristalina, y la que antes se había llamado así se quedó en lapislázuli.

De modo que, por cuanto hemos podido averiguar, que no es mucho, el *sapphirus* de Santa Hildegarda lo mismo puede ser la piedra hoy llamada lapislázuli que la que hoy llamamos zafiro, el bonito corindón azul de los Alpes del Tirol, no tan lejos de Binguen, o de un poco más lejos, cerca de Lyon.

Además Santa Hildegarda dice que es turbio, lo que viene bien al zafiro, lleno de inclusiones de todo tipo, y que es más ígneo que acuoso o aéreo, es decir, más eruptivo que sedimentario o metamórfico, lo que también se ajusta al corindón. De lo que no cabe duda es que era azul, porque llama «zafiro» a la túnica de Cristo que luego el miniaturista de su *scriptorium* pintó azul con polvo de lapislázuli. En todo caso, es piedra de abolengo nobilísimo que figuró en el efod y estará en los cimientos de la Jerusalén Celestial. En la América prehispánica, el lapislázuli sirvió de máscara para sus espantosos dioses y difuntos ilustres.

En resumen, que en la duda deberíamos probar ambas piedras, para lo cual daremos las características de ambas: zafiro/lapislázuli y zafiro/corindón:

A) El lapislázuli
Características

El lapislázuli (de *lapis*, piedra; *lázuri*, azul) es una piedra compuesta de diversos minerales que por tanto es técnicamente una «roca», una roca azul opaca de minerales azules, el principal de los cuales es lazurita. Tiene también manchas blancas de calcita, cristales dispersos de pirita que le confieren singular belleza, y otros minerales más raros. La lazurita cristaliza rara vez en gruesos dodecaedros y más normalmente en nódulos duros a los que Plinio les echa la culpa de que no se pueda tallar. El lapislázuli siempre es opaco, de azul añil a azul celeste, a veces con feas tonalidades verdes, y con machas blancas y puntos dorados que le dan la apariencia de un cielo con nubes. En bruto siempre es mate, y pulido tiene brillo vítreo. El índice aproximado de refracción es 1,5. Es relativamente blando (de 5 a 5,5) y su densidad también es baja (2,4 a 2,9). No se exfolia, la fractura es granulosa o con pequeñas concavidades y da raya azul clara. Tiene fuerte fluorescencia blanca. Es una piedra bastante sensible a la presión, la temperatura, y los baños calientes, ácidos y jabones. Químicamente es un silicato de aluminio muy complejo y compacto.

Procedencia del lapislázuli

La procedencia clásica era, como se ha dicho, asiática, del Badajshán, Tayikistán y las inmediaciones del Lago Baikal; posteriormente se pusieron en explotación los grandes yacimientos chilenos y de Colorado.

Confusiones e imitaciones del lapislázuli

Por su color azul podrían tomarse piedras de lazurita, sodalita o dumortierita por lapislázulis, pero todas éstas son más bonitas. El lapislázuli más azul es el afgano; el chileno y el ruso son más desvaídos y suelen teñirlos con azul de Prusia o darles una mano de barniz. Hace años que existe una espinela sintética granulosa que, teñida de azul es mejor que el lapislázuli auténtico y tiene muy buen aspecto. Antiguamente, el criterio para discernir falsificaciones era que careciesen de inclusiones de pirita; pero ahora se les introduce inclusiones muy buenas. Por eso es preferible hacerse con piedras en bruto, feas, pero naturales.

B) El corindón azul (Zafiro)

Características

En nuestros días, se llam zafiro a la gema azul de la familia de los corindones, los durísimos óxidos de aluminio que si son rojos se llaman rubíes. Para los más técnicos, zafiro es también cualquier corindón que no sea rojo, pero no los tendremos en cuenta porque Santa Hildegarda habla claramente de una gema azul. Los mejores son transparentes, de intenso color azul oscuro, y con el diamante, la esmeralda, y el rubí forman el grupo de piedras más caras; afortunadamente hay muchos zafiros opacos que no son de calidad gema. Su color va del suave y sugestivo azul Cachemira a un azul muy oscuro. El brillo siempre es vítreo, y el indice de refracción de 1,76. A veces presentan asterismo y una estrella luminosa brilla en su interior. Pleocroísmo entre azul intenso y azul verdoso, según se la mire; con frecuencia el color está en bandas o zonas en ángulos de 120º. A veces forma en el interior un hexágono visible a simple vista.

Su dureza es muy grande 9, y su densidad también, 4. Forma cristales bipiramidales alargados, dos pirámides tetragonales unidas por su base, generalmente romas en la punta, que presentan en conjunto aspecto de barrilete alargado. Las caras suelen estar estriadas transversalmente. A veces aparecen también en forma de cantos rodados opacos, alargados, oscuros y en forma de barril.

Químicamente es un óxido de aluminio con numerosas inclusiones de óxidos de hierro y titanio, instalados como polvo metálico en la red cristalina.

Formación del corindón azul (zafiro)

El corindón azul (zafiro) se supone que se formó en el interior de un volcán a partir de arcilla y cristalizó en procesos hidrotermales con mucha presión y temperatura. Después las aguas lo desprendieron de la roca madre y lo arrastraron al río, que lo llevó lejos, y formó placeres a causa de su gran peso específico. La explicación de Santa Hildegarda «más ígneo que aéreo o acuoso» tal vez deba entenderse «más eruptivo que metamórfico o sedimentario».

Procedencia de los corindones azules (zafiros)

Los más bonitos y transparentes, color lirio azul, proceden de Cachemira, pero son casi imposibles de encontrar. Los más antiguos procedían de Ceilán (hoy Sri Lanka), con el azul de la flor de la achicoria; los de Tailandia varían entre azul celeste y azul cobalto. Muy buscados están los de Mogok (Birmania), Chantaburi (Tailandia) y Pilín (Camboya). Se extraen también en Montana, Brasil, Australia (azul verdoso intenso), Nigeria y Madagascar. El zafiro más grande (Estrella de África), pesa 536 quilates (107 gramos); y los siguientes en peso y tamaño, en torno a 300 quilates (60 gramos).

Confusiones e imitaciones del corindón azul (zafiro)

El zafiro puede confundirse con la tanzanita, de la que se distingue por la menor dureza de ésta (6) y su tono violáceo. A principios del siglo XX se crearon zafiros sintéticos y de aquella época todavía perduran falsificaciones de pasta de vidrio o hechas con dobletes de granate y vidrio azul. En la actualidad los zafiros se tratan térmicamente para darles más color o se falsifican con cuarzos incoloros teñidos con colorantes.

APLICACIONES DEL ZAFIRO

Si el lapislázuli no funciona pruebe con lo que hoy llamamos zafiro, mejor si es opaco y está en bruto, para precaverse de falsificaciones. El zafiro ha sido una de las piedras más estimadas desde antiguo.

Amor a la sabiduría

Santa Hildegarda dice que el zafiro simboliza el pleno amor a la sabiduría, afirmación que recuerda al Libro de la Sabiduría.

EXCRECENCIA EN LA CONJUNTIVA *(PTERYGIUM CONJUNCTIVAE)*

La recomendación de Santa Hildegarda para esta peligrosa afección es sencilla: calentar zafiro en la mano o en el fuego, y con el zafiro mojado (mejor con la propia saliva, que es antiséptica) tocar tres días mañana y noche la excrecencia, que disminuirá hasta desvanecerse.

OJOS IRRITADOS. VISTA NUBLADA

Póngase un zafiro en la boca, mójelo con su saliva, y con el dedo tome saliva de la que ha mojado la piedra y úntesela alrededor de sus ojos de modo que también toque el interior de los ojos, que sanarán y se aclararán. Una paciente aquejada de dolorosa conjuntivitis en el ojo derecho, a consecuencia de un enfriamiento, lo cuenta así:

> «Tomé un zafiro, lo mojaba con saliva y cada día me untaba los párpados varias veces con la piedra mojada. A las pocas horas me dejó de doler y al cabo de tres días estaba curada»[1]

GOTA. IMPACIENCIA DE ORIGEN REUMÁTICO

Los gotosos suelen ser impacientes e irritables durante sus ataques de gota, a causa de sus dolores continuos y lancinantes. El remedio de Santa Hildegarda es, como siempre, sencillo: Póngase zafiro en la boca y se acabará la gota.

INTELIGENCIA. CONOCIMIENTO. SANA EL ESTÓMAGO

Quien desea tener buena inteligencia y buen conocimiento, está esperando recibir unos dones del Espíritu Santo que requieren pureza de intención. Para recibirlos, Santa Hildegarda aconseja que al levantarse de la cama cada día, poner zafiro en su boca, inmediatamente después

---

[1] Strehlow: op. cit., p. 129

de levantarse, cuando todavía esté en ayunas, y manténgalo en la boca el tiempo suficiente para tragar bastante saliva que haya mojado al zafiro. Después sáqueselo de la boca.

Prepare a continuación «vino de zafiro»: ponga el zafiro en un colador de los que se usan para el té, y caliente al fuego un poco de vino poniendo el zafiro al vapor que sale del vino hasta que se le formen gotas. Lámalas con la lengua, y bébase el vino (caliente, pero sin humear) para que lleve al interior la saliva calentada con la piedra. No solo tendrá pura inteligencia y pura ciencia, sino que también sanará su estómago.

Retraso profundo

El texto habla aquí de un género de dolientes muy desvalido, al que define con cuatro rasgos: se les llama «tontos», lo ignoran todo (lo que indica subdesarrollo profundo), quisieran comportarse con normalidad; y no son maliciosos. El remedio que les ofrece es que todos los días unten a menudo en ayunas su lengua en el zafiro con lo que desaparecerán las secreciones nocivas que les oprimen el intelecto, y adquirirán una inteligencia correcta.

El Dr. Strehlow (2006) recomienda ponerles la piedra en una cuchara sopera para que la laman sin tragársela.

Ira

La ira se apaga con ponerse zafiro en la boca. Santa Hildegarda precisa además que el zafiro funcionará aunque esté engarzado en un anillo de oro sin otro metal (atención a las soldaduras); pero en caso contrario no sirve y es preferible llevar la piedra suelta.

Posesos

Como Santa Hildegarda vivió en el siglo XII no alcanzó a conocer las normas de corrección política. Hoy día, hablar de malos espíritus es de mal gusto, pero peor es que un espíritu maligno controle a un allegado y que el poseso y su afligida familia sigan el habitual viacrucis de psicólogos, psiquiatras y neurólogos hasta que finalmente un facultativo con sentido común los envía al exorcista.

Entretanto, para ayudar a alguien del que se sospecha que está poseído por un espíritu maligno, Santa Hildegarda recomienda poner un zafiro en la tierra y recoger acto seguido la tierra que haya estado en contacto con el zafiro, ponerla en una bolsita de cuero (para que ni manche ni se salga), y colgársela al cuello al poseso diciendo:

> —Oh tú, espíritu inmundo, vete rápidamente de este hombre como rapidísimamente en tu primera caída te abandonó el esplendor de tu gloria.

Santa Hildegarda dice que el espíritu maligno se retorcerá mucho y se retirará de este hombre, y el poseso mejorará a menos que el espíritu maligno sea muy fuerte y acérrimo.

Pretendientes indeseados

Si alguien desea evitar las asiduidades de un pretendiente indeseado, el interesado mismo o un tercero al que también disguste el pretendiente, vierta tres veces vino sobre un zafiro diciendo cada vez:

> —Yo vierto sobre ti en tus ardientes fuerzas este vino lo mismo que Dios te quitó tu esplendor, ángel pecador, para que quites de mí el amor ardiente y libidinoso de este hombre.

Luego este vino hay que darlo a beber al pretendiente tres días o más, en ayunas o en la comida, sabiéndolo o sin que lo sepa.

Forma de la piedra

Para estas aplicaciones bastará una piedrecita o canto rodado, mejor si lleva una argollita para ponerle una cadenita y no perderla.

7
SARDO

El sardo crece después del mediodía por inundación de las lluvias, cuando las hojas de los árboles caducifolios caen en otoño, es decir, mientras el sol es muy caliente y el aire frío, y el sol calienta en su rojez.

Por lo cual el sardo es puro, está hecho de aire y agua, bien templado calor en buen tiempo y con su virtud[1] aparta las contrariedades de la peste.

Y si a un hombre le duele la cabeza a causa de múltiples pestes y enfermedades de modo que se ha quedado casi sin juicio, póngase en lo más alto de la cabeza sardo en un gorro, en un paño o en un saco de cuero, diciendo:

> —Lo mismo que Dios arrojó al primer ángel en el abismo, así se separe de ti, N., esta locura y te devuelva buena ciencia.

Y se curará.

Y al que se le ha endurecido el oído a causa de alguna enfermedad, moje esta piedra en vino puro, y póngala así mojada en una tela ligera de lino delgado y átela rápidamente encima del oído sordo y luego póngale encima de la tela otra muy ligera para que le entre calor en el oído. Hágalo a menudo y recuperará la audición.

---

1 *Virtus*: (latín) eficacia, virtud, energías, fuerzas, capacidades.

Cuando una persona tenga fiebre alta, hasta el punto que tenga escalofríos, toda clase de malestares y la piel ardiente, ponga inmediatamente sardo en la orina recogida después del primer sueño y diga:

—Contigo, echo en esta orina el brillo que, según la voluntad del Dios, irradió el primer ángel y que luego le fue retirado por Dios, con el fin de que tú, fiebre, me dejes y desaparezcas.

Hágalo así tres noches, porque la orina del hombre que sigue al primer sueño es la que tiene más fuerza. *(Nota: este párrafo falta en la edición de Migne de la PL).*

El que tenga ictericia debe hacer por la noche con la orina y el sardo una cosa similar a lo dicho ; diga las palabras antedichas; hágalo tres noches y se curará.

Si alguna preñada oprimida de dolor no puede dar a luz, haga rayas con sardo alrededor de sus lomos y diga:

—Así como tú, piedra, refulgiste por orden de Dios en el primer ángel, así tú, niño, ven para ser un hombre brillante que permanezca con Dios.

Luego sostenga inmediatamente a continuación esta piedra por donde va a salir el niño, es decir, en el miembro femenino, y diga:

—Abríos vía y puerta, como aquella aparición por la que Cristo, Dios y hombre, apareció y abrió las puertas del infierno. Así tú, niño, sal por esa puerta sin morir, y sin muerte de tu madre.

Luego sujete esta misma piedra en el cinturón, y póngaselo a ella alrededor y se curará.

COMENTARIOS AL SARDO

¿Qué piedra es el sardo?

La palabra sardo puede venir de Sardes, una antigua y rica ciudad anatolia que menciona (y reprueba) el Apocalipsis. También puede ser que venga de *serder*, palabra hebrea que significa «rojo», de *serd*, antigua palabra persa para lo mismo o del gentilicio de Cerdeña, que es la etimología más difundida pero también menos exacta. Y esta vez el problema no consiste en saber si el sardo es la misma piedra que en tiempos de Santa Hildegarda, sino saber con precisión a qué se llama actualmente sardo, porque, para empezar, el Diccionario de la Real Academia Española (que es la referencia del idioma en veintitantas naciones) dice que sardo, sarda o sardio equivalen a sardónice, sardónica o sardonia. Los manuales de gemología tampoco aclaran mucho y así lo reconoce el concienzudo libro de Schumann. Por eso quizá sea mejor seguir la pista al sardo desde los orígenes: pues la Biblia lo pone el primero entre las piedras del efod, y el Apocalipsis en sexto lugar de las piedras que adornarán los cimientos de la Jerusalén Celestial, aunque la última versión española, tal vez confundida por el Diccionario, lo llame cornalina en vez de sardo.

El infatigable Plinio nos habla del sardo y sus variedades, y dice que la primera variedad india del sardo era roja, la segunda pringosa y la tercera tenía venillas de plata[2]. De este modo Plinio nos hace saber que en su tiempo llamaban sardo tanto a los cuarzos marrones como a los amarillos, anaranjados y vagamente rojizos que hoy llamamos cornalina. Pocos años antes de Santa Hildegarda, el obispo Marbodio decía que el sardo suele ser de color rojo, pero que no servía para nada[3]. Sin embargo, en época de Santa Hildegarda ya no existía ambigüedad entre sardos y cornalinas, ya que la Santa dedicó un capítulo distinto a cada una de ellas.

Así que sin más disquisiciones, podemos suponer que Santa Hildegarda llamaba sardo, como nosotros, a un cuarzo microcristalino de color castaño.

---

2 Plinio: op.cit., 37, 105

3 Marbodio: Véase bibliografía, Cap. X. Curiosamente Strehlow (p.131) atribuye a Marbodio la afirmación de que «el sardo es la más útil de todas las piedras», cuando en realidad Marbodio dice justamente lo contrario.

Características del sardo

El sardo es un cuarzo microcristalino con impurezas de óxidos de hierro y pertenece por tanto a la gran familia de los cuarzos, y dentro de ella, a las calcedonias, los cuarzos de grano fino. Su color característico recuerda a las hojas secas del otoño, como acertadamente sugiere Santa Hildegarda, y va de marrón rojizo a marrón oscuro. Su brillo es de céreo a vítreo, el índice de refracción, 1,53, y puede ser traslúcido si la laja está cortada suficientemente delgada. San Isidoro, que recogió los saberes finales del Imperio Romano, dice que es «piedra vilísima», es decir, la gema menos valiosa, y desde entonces su precio y estimación no ha mejorado. Químicamente es un óxido de silicio como todos los cuarzos, con trazas de óxido de hierro que le dan color. Su estructura solo es visible al microscopio y se compone de microcristales que se agrupan en fibras. Pulido, tanto si lo ha sido artificialmente como si la Naturaleza le ha dado forma de canto rodado, puede ser muy hermoso y recuerda al caramelo. Su densidad es de 2,58 a 2,64 y la dureza de 6,5 a 7. No se deja exfoliar y se rompe irregularmente. Es bastante poroso.

Formación del sardo

Santa Hildegarda, al decir que el sardo «crece después del mediodía por inundación de las lluvias, cuando las hojas de los árboles caducifolios caen en otoño, es decir, mientras el sol es muy caliente y el aire frío, y el sol calienta en su rojez» parece sugerir un crecimiento anual en otoño, por precipitación de disoluciones salicílicas con presencia de óxido de hierro. Al decirnos que «está hecho de aire y agua» parece indicar un proceso metamórfico, y un arrastre posterior.

Procedencia de los sardos

En la Península, la rebusca en las graveras o en el lecho de barrancos puede proporcionar buenos ejemplares con poco trabajo. En Europa los hay o había sardos en Eslovaquia y en Idar Oberstein (Alemania), el centro minero y de gemas de la Edad Media, relativamente cerca de Binguen. En la Antigüedad se traía de Sardes (Anatolia) y de la India, pero estas canteras se agotaron, y actualmente viene de Uruguay, Brasil, Australia, Túnez, Libia, Madagascar, Estados Unidos y China.

CONFUSIONES Y FALSIFICACIONES DEL SARDO

En el comercio hay mucha confusión entre sardo, sardónice, jaspe y cornalina, por lo que conviene mirar bien las distintas bandejas: el sardónice, además del marrón del sardo, presenta bandas blancas paralelas y ocasionalmente también, otras negras y rojas. Aunque comparta con el sardo algunos tonos marrones, la cornalina es más clara, rojiza y luminosa. El jaspe tiene manchas y no suele ser traslúcido.

La mayoría de los sardos pulidos con aspecto de caramelo que están a la venta son ágatas brasileñas o uruguayas, grisáceas en origen y teñidas artificialmente con nitrato de hierro o empapadas en una solución azucarada. Los sardos en bruto no se falsifican porque no vale la pena: recuerdan vagamente un trozo de chocolate oscuro de grano muy fino.

APLICACIONES DEL SARDO

PESTE (ENFERMEDADES INFECCIOSAS Y VIRALES. HERPES ZÓSTER)

Santa Hildegarda dice que el sardo «con su virtud aparta las contrariedades de la peste»[4], frase que vale la pena analizar, ya que «peste» (de la palabra latina *pestis* y no de no *pestum*, que es otro tipo de peste menos dañina y más hedionda) podría tener tres significados: uno de «enfermedad»; otro de dimensiones colectivas, «epidemia, plaga o peste medieval»; y el tercero, «destrucción, ruina o maldición».

Como Santa Hildegarda dice que el sardo «aparta las contrariedades de la peste», en vez de decir sencillamente «aparta la peste», podría

4 *Virtus*: (latín) eficacia, virtud, energías, fuerzas, capacidades; *pestis* (lat.): enfermedad, epidemia o desgracia.

decir que aparta las consecuencias, adversas para nosotros, de una maldición o una desgracia; pero por otra parte, también parece razonable la interpretación del Dr. Strehlow (2006) que entiende que «el sardo aparta las secuelas dañinas de las enfermedades infecciosas».

Por ello, en líneas generales, el Dr. Strehlow cree que el sardo es un buen auxiliar para el tratamiento de las fiebres desencadenadas por una agresión viral o bacteriana, y que al llevarlo puesto en collar o pulsera refuerza las defensas y limita las secuelas, como las de este paciente suyo:

> «Tenía un herpes zóster (*culebrilla*) muy doloroso perfectamente visible como una delgada raya roja en la cintura. El dermatólogo me recetó el antivirus Azyclovir, pero cuando leí sus contraindicaciones lo devolví inmediatamente a la farmacia. En vez de eso me mandé hacer una sangría hildegardiana, bebía la bebida hecha con «lenteja de agua» y llevaba un colgante de sardo. Encima de la línea roja me puse una compresa de una pasta de polvo de galanga y agua que renovaba varias veces al día. Al cabo de una semana cesaron los mordaces dolores y un mes después se fueron de la piel las últimas rojeces. Desde entonces ya no ha vuelto a aparecer el herpes. Mi dermatólogo estaba muy extrañado porque el herpes zóster necesita 3 a 6 meses de tratamiento».

Dolor de cabeza

Quien haya perdido casi completamente el juicio por el dolor de cabeza causado por sus muchas desgracias y enfermedades, debe ponerse encima de la cabeza, sardo envuelto en tela, cuero o sujeto con un gorro, diciendo:

> —Lo mismo que Dios arrojó al primer ángel en el abismo, así se aparte de ti, N., esta locura y me devuelva buena ciencia.

Nótese que aquí Santa Hildegarda dice «se curará»; no «mejorará» o «se curará si Dios quiere». Strehlow recomienda sesiones de un cuarto de hora varias veces al día.

Sordera por enfermedad

Para curar una sordera sobrevenida a consecuencia de alguna enfermedad (por ejemplo, escarlatina) moje sardo en vino puro y póngalo así mojado en un paño de lino delgado y átelo rápidamente encima del oído sordo y póngale además encima del paño de lino un envoltorio muy ligero para que entre su calor en el oído. Hágalo a menudo y recuperará la audición.

Santa Hildegarda recomienda generalmente tela de lino, quizá porque no se deshilacha ni deforma, aunque en nuestros días quizá sea suficiente envolver el sardo caliente y mojado en algodón. Santa Hildegarda indica aquí que una vez sujeta con una telita de lino el sardo mojado de vino encima de la oreja, se ponga otra telita encima para que no escape el calor del oído. Este procedimiento debe aplicarse hasta que se recupere el oído.

Fiebre aguda. Ictericia

Santa Hildegarda, al hablar de los síntomas de fiebre alta con escalofríos, malestar general y piel ardiente, no propone curar el primer momento de la fiebre, que es una reacción natural para eliminar microorganismos indeseables, sino acabar con ella cuando la fiebre se prolongue debilitando al paciente y acarreándole secuelas.

Para ello debe recoger la orinase del enfermo después del primer sueño, que es la que tiene más fuerza, ponerle un sardo y decir:

> —Contigo, echo en esta orina el brillo que, según la voluntad del Dios, irradió el primer ángel y que luego le fue retirado por Dios, con el fin de que tú, fiebre, me dejes y desaparezcas.

El procedimiento ha de seguirse tres noches.

Para la ictericia, deberá hacerse lo mismo también tres noches. En ambos casos, Santa Hildegarda habla de curación.

Parto difícil

El sardo puede ayudar en un parto difícil, cuando el niño no sale y la madre está agotada por el dolor. La ayuda se realizará en tres fases. En primer lugar, se frota el sardo contra la piel de la riñonada (lomos) de la parturienta como quien pinta rayas, diciendo:

—Así como tú, piedra, refulgiste por orden de Dios en el primer ángel, así tú, niño, ven para ser un hombre brillante que permanezca con Dios.

En segundo lugar, sostener el sardo cerca de la vulva, y decir:

—Abríos vía y puerta, como aquella aparición por la que Cristo, Dios y hombre, apareció y abrió las puertas del infierno. Así tú, niño, sal por esa puerta sin morir, y sin muerte de tu madre.

Finalmente, se le pone el sardo a la embarazada en un cinturón y se curará.

Forma de la piedra

Una aceituna (que así llaman en las tiendas de abalorios a las piedras ovaladas) de sardo para curar la sordera ; un colgante con argolla para prever recaídas y reforzar las defensas; un canto rodado de buen tamaño (3 a 4 cm) para que la embarazada lo tenga en la mano.

8
TOPACIO

El topacio crece hacia las tres de la tarde, al calor del sol, cuando ya falta poco para las tres y entonces el sol es purísimo y caliente por el calor del día y el aire diverso. El topacio contiene poco aire y poca agua, y es claro, y su claridad se parece al agua y su color se parece más al oro que al hielo.

Resiste a la suciedad y al veneno y no los soporta, igual que no puede soportar en sí ni el mal ni ninguna maldad.

Pues si hay veneno en el pan, carne, pescados o cualquier alimento, o en agua, vino u otra bebida, y está un topacio cerca, enseguida suda, igual que el mar hace espuma cuando hay fetidez en él. Por consiguiente, cuando alguien coma y beba, tenga un topacio en su dedo junto a los alimentos y las bebidas y mírelo con frecuencia, pues si hay veneno en el alimento o en la bebida, sudará inmediatamente.

A quien se le nubla la vista debe poner un topacio en vino puro durante tres días y tres noches y entonces por la noche, cuando vaya a dormir, haga rayas en sus ojos con el topacio así mojado, de modo que el líquido también toque un poco el interior del ojo, y cuando quite la piedra del vino puede conservar el vino cinco días. Y si después quiere untar sus ojos por la noche, moje esta misma piedra en ese vino y únte rayas alrededor de sus ojos, como se ha dicho antes, y hágalo a menudo, renovando el vino con topacio cada cinco días, y clarificará los ojos como el mejor colirio posible.

Si alguien tiene fiebres, haga con el topacio tres hoyitos en un pan blando, y vierta vino puro en ellos, y si el vino desaparece, vierta más vino y mire su cara en el vino que vertió en los hoyos como si se estuviera mirando en un espejo y diga:

> —Yo me miro casi como los querubines y serafines miran a Dios como en un espejo, para que estas fiebres se alejen de mí

Hágalo a menudo, y sanará.

Y quien esté leproso debe calentar bien un ladrillo y poner en él paja de avena para que humee, y sostenga un topacio sobre este humo para que sude, y unte el sudor encima del lugar de la lepra, y cuando haya hecho esto, tome aceite de oliva y mézclele una tercera parte del jugo de violetas. Unja con este aceite el lugar de la lepra que había tocado con el sudor del topacio y hágalo a menudo y la lepra romperá y el hombre mejorará si es que no se muere.

A quien le duela el bazo o tenga podre en su interior, casi como si su cuerpo estuviera pudriéndose por dentro, que ponga el topacio cinco días en buen *morach* y después sáquelo y hierva el vino para que humee. Sostenga el topacio encima del vapor para que sude y su sudor se mezcle con el vino, y luego ponga la piedra un rato en el vino caliente. Sáquela después y prepare con ese vino una sopa o un caldito sin grasa. Hágalo a menudo y sórbalo, y su bazo sanará y la podre de su interior disminuirá.

Y pon topacio sobre tu corazón todos los días por la mañana y di:

> —Oh Dios, a quien todo engrandece y que está engrandecido sobre todas las cosas, en honor tuyo no me deseches, sino presérvame, fortaléceme y mantenme en tu bendición.

Y cuando hagas esto el maligno se apartará horrorizado, pues la fortísima piedra topacio ha recibido esta virtud de Dios, que crece mientras el sol declina: y es que aparta los ultrajes del hombre.

COMENTARIOS AL TOPACIO

EL TOPACIO ES EL MISMO

Santa Hildegarda dice con toda precisión que es claro (transparente) como el agua, que se parece más al oro que al hielo y que contiene poco aire y agua. Está claro que habla del hermoso topacio imperial color dorado. Y es una bendición que se exprese con tanta claridad, porque la palabra topacio, que significa «fuego» en sánscrito, y que desde la más remota antigüedad designa importantes piedras preciosas, ha servido también de nombre para diversas piedras verdes, azules e incoloras, todas ellas bastante distintas entre sí.

El topacio estaba en el efod del Sumo Sacerdote al lado del sardo, y es la novena gema que estará en los adornos de los cimientos de la Jerusalén Celestial. El antiquísimo libro de Job dice que vale tanto como el oro[1]. Plinio (y quinientos años después de él, San Isidoro) dicen que es la gema más valiosa, pero complican la cuestión al decir que tiene el mismo color verde puerro que la crisoprasa y que una de sus variedades se llama crisolita. Y es que en realidad tanto Plinio como San Isidoro llamaban topacios a los olivinos de la mina que había en la isla de Topazos o de San Juan (hoy Zerbiget) en el Mar Rojo.

Pero cien años antes de Santa Hildegarda ya se llamaba topacio a la misma gema que ahora. El obispo Marbodio escribía acertadamente que había dos clases de topacios, uno muy amarillo y otro más parecido al azafrán. El buen obispo, basado en fuentes musulmanas, añade que el topacio es bueno para las almorranas, cosa que nadie había dicho antes en Occidente y menos en verso.

Características del topacio

El topacio del que habla Santa Hildegarda es un fluosilicato de aluminio con trazas de hierro o manganeso que le dan dan un color dorado como de latón. El topacio dorado, llamado «imperial» es el menos estimado de los topacios, es transparente, de brillo vítreo, índice de refracción 1,62, y birrefringencia 0,01. Presenta fluorescencia y según se mire se le ven tonos amarillo limón, miel o paja. Cristaliza en el sistema rómbico, en prismas que tienen una típica sección en rombo, a veces octogonales, y que por su extremo pueden terminar en muchas caras. Las caras largas del prisma suelen estar muy estriadas a lo largo, como con la uña. Los cristales pueden ser muy grandes, alguno tiene

[1] Job, 28, 19.

cien kilos y un metro de largo. Suele tener inclusiones líquidas o gaseosas. Su fractura es concoidea y desigual, pero la exfoliación es perfecta. Su dureza es muy alta, 8 en la escala de Mohs y su densidad, también muy alta (3,5 a 3,8), favorece la formación de placeres.

FORMACIÓN DEL TOPACIO

Los topacios se extraían tradicionalmente de placeres, en forma de cantos rodados, pero también se hallan en las oquedades y grietas de las rocas en forma de cristales. Santa Hildegarda tiene razón cuando dice que el topacio nace en el ardor del sol, pero solo por la tarde, cuando el enfriamiento del magma ya ha comenzado, y las rocas ígneas se están solidificando. La explicación del Prefacio conviene perfectamente al topacio: nace de las crecidas de aguas muy cargadas que entran en contacto con una tierra ardiente.

PROCEDENCIA DE LOS TOPACIOS

En España se han mencionado topacios cerca de Buitrago, y en Portugal en Sierra Estrella, pero ambas noticias son dudosas. En Europa eran famosos los yacimientos de Schneckenstein, en los Montes Metálicos (Alemania), y actualmente vienen sobre todo de Brasil, Ceilán, Birmania, Rusia y Ucrania, aunque hay yacimientos por todo el mundo.

CONFUSIONES E IMITACIONES DEL TOPACIO

El topacio imperial puede confundirse con más de una docena de gemas amarillas, sobre todo los llamados topacios «occidentales» y «orientales»: Los primeros son los cuarzos citrinos, amarillos, también llamados «topacio de Hinojosa» o «topacio de Salamanca». Los segundos son los circones amarillos, mucho más pequeños y caros, y que tienen muchísimo fuego. El verdadero topacio se caracteriza por sus caras largas con estrías hechas como con la uña. Un cristal con caras lisas no es un topacio, sino un citrino, y, si es pequeñito, un circón.

En el comercio llaman engañosamente «topacio de Madeira» a las amatistas recalentadas que han tomado color amarillo; y «topacio dorado» a los cuarzos citrinos; ambos cristales carecen de estrías. Los topacios imperiales, el topacio dorado del que habla Santa Hildegarda, son muy abundantes y los menos apreciados, de modo que no vale la pena falsificarlos, por lo que pueden conseguirse buenos cristales realmente baratos.

APLICACIONES DEL TOPACIO

PREVIENE INTOXICACIONES

Santa Hildegarda afirma enérgicamente que esta piedra no soporta el mal, y que se opone a la suciedad y el veneno. Si el pan, la carne, los pescados o cualquier otro alimento, o el agua, el vino u otra bebida están intoxicados y hay un topacio cerca, éste enseguida «suda», por lo que recomienda que al comer o beber se tenga cerca un anillo de topacio, y mirarlo con frecuencia, pues si estuvieran intoxicados enseguida sudaría, es decir, se le formarían gotas de condensación.

VISTA NUBLADA. (CATARATAS. GLAUCOMA. RETINOPATÍA DIABÉTICA)

El Dr. Strehlow (2006) cita los siguientes casos:

> «Hace cinco años el oftalmólogo me diagnosticó cataratas incipientes [y] como no quería operarme empecé a tratarme el ojo con vino de topacio [...] A veces también me daba en los párpados el aceite de violetas que recomienda Santa Hildegarda. Mi vista ha mejorado tanto que solo he tenido que volver una vez al oftalmólogo, y otra vez puedo leer sin gafas».
>
> «Aunque solo tengo 36 años y poca tensión arterial, padezco glaucoma desde hace muchos años. Me han tratado con muchas medicinas y últimamente con Isoglaucon, que me tenía que poner cuatro veces al día en

ambos ojos. Ninguno de estos medicamentos ha funcionado, y tenía la tensión ocular realmente alta, 26 a 28 mm. Entonces empecé a aplicarme vino de topacio, a tomar vino de ajenjo y a espolvorear mis comidas con menta poleo. El éxito fue asombroso: a las dos semanas la tensión me había bajado a 18-20 mm, y además tengo la impresión que veo los colores más fuertes».

«Cuando el médico me diagnosticó degeneración de la mácula, que es incurable, desaparecieron mis esperanzas de mejorar mi visión, pero con la ayuda de Santa Hildegarda me siento sensiblemente mejor y ya puedo ver los periódicos, cosa antes imposible [...] Los remedios que he tomado han sido vino de topacio, vino de ajenjo y de vez en cuando pastillas de hinojo y galanga».

«Como sufro retinopatía diabética me operaron con cirugía láser. Poco tiempo después los ojos me sangraron y me quedé casi ciego. Al cabo de cuatro meses el ojo izquierdo aclaró un poco y la oftalmóloga descubrió una cicatriz que amenazaba desgarrar la retina. Siguieron varias operaciones del ojo izquierdo, con nuevos derrames que tardaban meses en disolverse. Me tuve que operar los dos cristalinos, pero al poco volvieron a sangrarme los dos ojos y me quedé oficialmente ciego con pensión de ceguera. Al cabo de varios meses el ojo izquierdo empezó a aclararse, pero el derecho seguía ciego. Por esta época escuché una cinta de la Organización de Ciegos de Alemania Occidental sobre «El arte de curar con piedras de Hildegarda de Binguen». Me fijé en la cura con «vino de topacio» y después que la hice tres meses me di cuenta que podía leer de nuevo con el ojo derecho y tras tres meses más pude ver claramente con ambos ojos, y por las noches puedo ver en el cielo estrellado un soplo de la Vía Láctea».

El llamado «vino de topacio» consiste en poner un topacio en vino puro tres días y tres noches. Hecho esto, antes de ir a dormir, hay que untarse los ojos con el topacio así mojado, de modo que el líquido también toque un poco el interior del ojo. Después de retirar el topacio a los tres días, el vino aún sirve cinco días más. Y si después quiere volver a untar sus ojos por la noche, moje el topacio en ese mismo vino y hágase rayas en torno a sus ojos como hizo antes, y hágalo a menudo, renovando cada cinco días el vino con topacio, que le aclarará la vista de la mejor manera posible. El vino de topacio se ha mostrado eficaz con pacientes con cataratas y glaucoma, y se ha convertido en la terapia hildegardiana normal, no solo para los casos incipientes, sino también para pacientes crónicos cuya curación parecía imposible.

Fiebres

Haga con un topacio tres hoyitos en la corteza de pan blando, y vierta vino en ellos. Si el vino desaparece, vierta más, y luego mírese la cara en el vino que llena los hoyos como quien se mira en un espejo, diciendo:

> —Yo me miro casi como los querubines y serafines miran a Dios como en un espejo, para que estas fiebres se alejen de mí.

Hágalo a menudo y sanará, dice Santa Hildegarda.

Lepra (Dermatitis. Psoriasis)

Santa Hildegarda llama lepra a determinadas afecciones de la piel causadas por gula y embriaguez, por la cólera, o bien por incontinencia sexual. Caracterizan a la primera unas inflamaciones como varices (a las que llama «dragoncillos») con secreción rojiza; a la segunda, el ennegrecimiento de la piel con grietas que llegan hasta el hueso; y a la tercera, anchas zonas de heridas, parecidas a cortezas de árbol, bajo las cuales hay carne rojiza.[2]

El remedio para todas ellas es el siguiente:

Calentar bien un ladrillo, ponerle paja de avena encima para que humee y sostener en el humo un topacio para que «sude» (es decir, para que se le formen gotas de condensación en su superficie). En éste, como en otros procedimientos similares, es más fácil sostener la gema en un colador de los que se emplean para hacer té. Luego hay que untar este «sudor» en la lepra, y después mezclar aceite de oliva con una tercera parte de jugo de violetas, y untar con este aceite de violetas

2 Hildegarda: *Causae et Curae*, 341 ss.

el lugar que se untó antes con el sudor del topacio. Hágalo a menudo y la lepra romperá y el hombre mejorará («si es que no se muere», advierte previsoramente la Santa).

Bazo. Infecciones. Envenenamiento de la sangre. Leucemia. Septicemia

Santa Hildegarda describe aquí una situación muy grave en la que duele el bazo, o el paciente está «como pudriéndose por dentro». Para remediarlo, en primer lugar ha de prepararse *morach*, una palabra que ha desaparecido del alemán y el latín, que se parece a nuestro «morapio» y que el Dr. Strehlow (2006) identifica como vino de moras, para el que da la siguiente receta:

Vino de moras: Ponga tres cucharadas de moras de árbol y dos cucharadas soperas de vinagre en un litro de vino y cuézalo todo cinco minutos. Añada 150 gramos de miel, y vuelva a cocer todo cinco minutos más. Luego cuélelo y métalo en la misma botella de la que sacó el vino[3].

Después se ha de meter el topacio cinco días en este vino, al cabo de los cuales se saca y se pone a hervir hasta que humee. Sostenga entonces el topacio encima del vapor, hasta que «sude» (se cubra de gotas) y su sudor vuelva a caer y se mezcle con el vino. Después, ponga un rato el topacio en el vino caliente. Finalmente sáquelo y prepare con el *morach* una sopita o caldito sin grasa. Hágalo frecuentemente hasta que note la mejoría del bazo y que disminuye la podredumbre interior.

El Dr. Strehlow (2006) recomienda beber medio vaso grande (100 cl) cada vez.

Orar. Ahuyentar al maligno

Orar es una necesidad vital del ser humano, pero como advertía Santa Teresa, no hay peor trabajo que la oración; tiene sus compensaciones,

---

3 Vino *morach*, morapio. La receta es de Strehlow. *loc. cit.*, p. 152.

desde luego, pero cuesta, y todo lo que ayude a centrarse en la oración es bienvenido. Casi nunca resulta fácil concentrarse para orar pues darse cuenta del sentido y la grandeza de unas palabras que se han repetido tantas veces, y del acto de adoración, de súplica, de agradecimiento o de amor que estamos realizando.

Por eso Santa Hildegarda nos recomienda que todos los días por la mañana, al levantarnos, pongamos topacio sobre el corazón y digamos:

> —Dios, a quien todo engrandece y que estás engrandecido sobre todas las cosas, por tu honor no me deseches, sino consérvame, confírmame y constitúyeme con tu bendición.

Y nos promete que, tan pronto se haga, el maligno se apartará horrorizado, pues la fortísima piedra topacio ha recibido esta virtud de Dios. Una usuaria de este procedimiento dice:

> «Cuando aprieto el topacio sobre mi corazón, hablo directamente a Dios, mi amado Padre Celestial, le saludo y le agradezco la posibilidad de conversar con Él de corazón a corazón. Me represento la Creación [...] su obra, y le pido que viva en mí y me haga una con él. Y tengo la sensación de que un clarísimo rayo de luz me rodea como una funda protectora. Pido que me dé fortaleza, y salud completa y armoniosa para mi cuerpo, mi alma y mi espíritu [...] y me penetra un bienhechora calidez que siempre me llena de asombro y gratitud»[4].

Aparta los ultrajes

Finalmente, este capítulo del topacio termina con la breve afirmación de que el topacio aparta los ultrajes del hombre, expresión que puede tener varios significados, por ejemplo, que desvíe del ser humano las burlas de los espíritus malignos, o que aparte de él los insultos de palabra y hecho.

---

4 Esta y las demás citas de pacientes tomadas de Strehlow, pp.154-158.

Forma de la piedra

Como alerta contra intoxicaciones, Santa Hildegarda habla expresamente de un anillo de topacio; asegurarse de que la piedra es realmente un topacio imperial y no otra gema. Para todas las demás aplicaciones bastará un cristalito de topacio imperial de unos 3 cm, que no hay problema en conseguir barato.

9
CRISÓLITO

El crisólito crece del ardor del sol y la humedad del aire, después del mediodía hasta las tres de la tarde, y tiene en sí una virtud casi vital, de modo que si estuviera cerca de los polluelos en el huevo o de las bestias cuando ya van a nacer, los fortificaría con su virtud, por lo que empezarían a salir antes de tiempo.

El hombre que tenga fiebre, caliente vino y sostenga el crisólito sobre el vapor de ese vino para que su sudor se mezcle con el vino, y beba este vino caliente. También debe poner un rato el crisólito en su boca, y si lo hace a menudo, mejorará.

Y a quien le duela el corazón, toque aceite de oliva con el crisólito y entonces hágase rayas con el aceite así tocado sobre el lugar donde le duele y mejorará.

Esta piedra afirma el saber del hombre que la lleva consigo, así que, para tener buena ciencia y buen arte, ponga esta piedra encima del corazón mientras esté acostado y no le faltarán buena ciencia y buen arte.

Pues el crisólito tiene ciertas virtudes excepto siete horas al día, como también en éstas [¿en las que crece?][1].

Los espíritus del aire aborrecen esta piedra.

---

1 El párrafo está truncado, o el escriba copió un titubeo de Santa Hildegarda.

COMENTARIOS

¿A qué piedra llama crisólito Santa Hildegarda?

Santa Hildegarda habla de *chrysolithus*, crisólito, palabra que viene directamente del griego y significa «piedra oro». Los Setenta Traductores de la Biblia, y después San Jerónimo utilizaron esta palabra para traducir la palabra hebrea *tarsis* que designaba la décima piedra del efod. De crisólito eran las ruedas del carro que vió Ezequiel, y que Daniel vio en éxtasis, y será la décima piedra que adornará la Jerusalén Celestial[2]. Plinio le atribuye color verde y dice que se extrae de la isla Topazos (San Juan, Zebirget) en el Mar Rojo, a unos 300 km al Este de Assuán, lo que conviene al actual olivino o peridoto que se sacaba de la isla hasta la I Guerra Mundial.

Poco antes de Santa Hildegarda, el obispo Marbodio decía del crisólito que «brilla como el oro, y centellea como el fuego pero es parecido al mar e imita algo de su verdor»[3], pero es evidente que Marbodio tenía alma de poeta. Santa Hildegarda seguramente conocía los olivinos de los Montes Eifel, que se vendían con el nombre de crisólito, aunque esta palabra también se utilizara entonces para las variedades verdes de una larga serie de piedras, amén de que también llamaran así al cuarzo citrino, como postula Soláns.

A pesar de todo, parece haber acuerdo en que Santa Hildegarda llamaba «crisólito» al actual olivino. Queda no obstante abierta la posibilidad de que la Santa se refiera a cualquier otra piedra de las citadas a la que conviene el nombre de «piedra de oro».

Características del olivino

El olivino, llamado así por su color aceituno, peridoto por el nombre del joyero francés Peridot, y también «crisólito de los volcanes», es un silicato de hierro y magnesio con trazas de níquel, cobalto y cromo. Es traslúcido, se presenta en pequeños fragmentos, nada redondeados, de

2 Respectivamente: Ex, 28, 20 y 29, 13; Ez, 1,16 y 10, 9; Dn, 10,6; y Ap 21, 20.

3 Marbodio: Lapid., X

un color que va del verde amarillento de los peridotos españoles al verde oliva oscuro de algunos extranjeros. Su aspecto es de trocitos de vidrio verde amarillento, con brillo céreo grasiento. Los cristales de buena calidad son raros. Su índice de refracción es 1,64-1,69 y es muy birrefringente (0,36), con lo que los ejemplares tallados muestran dobles sus facetas traseras. La dureza no es mucha, 6,5, pero su densidad es alta: 3,34.

Formación del olivino

El olivino se forma a grandes profundidades y con las erupciones volcánicas sale al exterior, bien en fragmentos rocosos o bien en cristales muy pequeños incrustados en masas globulares de lava gris o negra. La meteorización lo separa de la roca madre, lo lleva al cauce de los ríos y lo arrastra lejos. También se halla en las zonas volcánicas, en roca o mezclado con ligeras arenas negras de lava. Los cristales son en general pequeños, porosos y quebradizos, y más raramente grandes y rómbicos, susceptibles de talla y pulimento.

Procedencia de los olivinos

En España los hay en las lavas de Canarias, la Serranía de Ronda, que está formada prácticamente de olivino, y los volcanes de Gerona, así como en Beteta (Cuenca), Nuévalos (Zaragoza), los «negrizales» de la Mancha y Baleares. En Portugal los hay en los basaltos de Lisboa. Los mejores cristales proceden de Birmania. También los hay en China, Brasil, Hawai y Arizona.

Confusiones e imitaciones del olivino

El olivino puede confundirse con las antes citadas variedades verdes de granate, corindón, crisoberilo o turmalina (*crisólito ceilánico*), topacio (*crisólito sajónico*), prenita (*crisólito del Cabo*) y moldavita (*crisólito de Bohemia*). Para fines comerciales suelen calentar los olivinos más oscuros a fin de darles un tono más claro.

APLICACIONES DEL CRISÓLITO

Santa Hildegarda advierte que el crisólito tiene mucha energía, y dice que se puede llevar toda la noche junto al corazón, pero no habla de las horas diurnas. Aunque no nos dice que haya ningún peligro, sería prudente llevarla solo a ratos durante el día hasta ir viendo resultados.

VIRTUD CASI VITAL

Dice Santa Hildegarda que el crisólito tiene en sí una *virtus* (virtud, energía, capacidad de acción, influencia) *casi vital*, es decir, cercana a la vida, y pone como ejemplo que en su proximidad, los pollos y las crías de los animales se fortifican y nacen antes de tiempo. Ahora bien, una *virtus* que actúa sobre seres irracionales no está actuando por sugestión ni por efecto psicosomático. Por ello cabría investigar su eficacia allí donde sea vital acelerar un proceso natural de cicatrización o recuperación, implantes o transplantes, graves lesiones nerviosas y daños de órganos vitales, con la tranquilidad de que en el peor caso no puede dañar.

ACELERA EL CRECIMIENTO. (DIFICULTADES DE DESARROLLO. NIÑOS CON ALGÚN TIPO DE RETRASO)

En este mismo orden de ideas, el Dr. Strehlow ha publicado los resultados obtenidos con un cambio de dieta a espelta, fruta y verduras, que unido a llevar pulseras de olivino en las muñecas y tobillos, aceleró el desarrollo de niños con retraso en su capacidad locomotora, que en un año consiguieron andar y correr: un pequeño de dos años no podía correr por un daño genético, y tenían que llevarlo sus padres y hermanos. Cuando le pusieron una pulsera de crisólito, el niño pudo empezar a correr a los tres años y había que buscarlo porque se escapaba corriendo.

Fiebre

El libro de Santa Hildegarda «Causas y Remedios de las Enfermedades» trata ampliamente de la fiebre, y tanto allí como en la *Physica* se dan para ella numerosos remedios, que en general hay que preparar y que no son tan instantáneos como nuestros antipiréticos, quizá para dar tiempo a que la fiebre cumpla su papel purificador de microorganismos.

Aquí el procedimiento que nos da Santa Hildegarda es calentar una taza de vino hasta que humee, y sostener el crisólito encima a fin de que se formen gotas en la piedra y vuelvan a caer al vino. Al cabo de unos cinco minutos, bébase a sorbos este vino caliente, y luego manténgase el crisólito un rato en la boca. Para no tragárselo, conviene que esté sujeto con una cadenita.

Debe repetirse tres veces al día hasta que desaparezca la fiebre.

Dolor de corazón

> «Y a quien le duela el corazón —dice Santa Hildegarda— toque con el crisólito aceite de oliva, haga rayas con él donde le duela y mejorará».

Hacer rayas es untar con el dedo como quien pinta una raya en la piel, sin frotar.

Está claro que esto solo es una ayuda mientras se espera al médico. El Dr. Strehlow da una indicación práctica sobre dolor en la región cardíaca: si se señala con el dedo en el tercer espacio intercostal, es un primer aviso, una molestia funcional, porque el corazón siempre avisa, y el crisólito será útil en este caso; pero si lo que duele es una zona que se puede tapar con la mano, es grave y requiere atención médica urgente.

> «Tengo 57 años y sufro desde hace años del corazón, estoy débil y me duele con alteraciones del ritmo cardíaco, mareos y agotamiento general. Los dolores del tercer espacio intercostal izquierdo me los quito con crisólito mojado en aceite de oliva y las alteraciones del ritmo cardíaco me las trato con una laja de jaspe. Estoy muy contento de haber podido ayudarme de una manera tan sencilla».

Buena ciencia. Buen arte. (Habilidad profesional. Memoria. Prevención de la demencia senil. Alzheimer)

Según Santa Hildegarda el crisólito proporciona buena capacidad de adquirir conocimientos y buena habilidad en los procedimientos, lo que entonces llamaban arte, dos cualidades realmente deseables que se ofrecen aquí a muy bajo coste: «No le faltarán buena ciencia y buen arte a quien se le ponga por la noche en contacto con la zona del corazón».

Dice también que «afina el saber», es decir, que robustece la memoria, lo cual es elemento esencial de la prevención de la demencia senil y la enfermedad del Alzheimer.

Por la misma razón, el crisólito ayuda a concentrarse y tener clara la mente en edad avanzada. Refresca y fortalece el ingenio, y por tanto su acción protectora es especialmente útil para quienes trabajan sobre todo con la mente.

Los espíritus del aire lo aborrecen

Aerei spiritus, «espíritus del aire», es el nombre que da la liturgia católica a cierta clase de espíritus malignos, hostiles al hombre, a los que también espanta el crisólito.

Forma de la piedra

El olivino puede llevarse directamente sobre la piel, en collar o colgante, o sobre el hígado o cualquier área dolorosa del cuerpo. Las piedras son demasiado pequeñas para llevarlas en la mano o el bolsillo, y por eso conviene que tengan argolla o taladro para pasarles una cadenita.

10

JASPE

El jaspe crece cuando el sol ya se inclina al ocaso, después de las tres de la tarde y se calienta con el fuego del sol, pero también es más de aire que de agua o fuego. El jaspe tiene distintos calores porque cuando el sol se inclina al ocaso después de las tres de la tarde, con frecuencia su calor aparece variado por nubes.

Quien esté sordo ponga un jaspe delante de su boca y sople en él su aliento cálido para que el jaspe se ponga caliente y húmedo; póngaselo enseguida en la oreja con una telita fina encima de la piedra, cerrando así el oído, hasta que el calor de la piedra pase al oído. Y de la misma forma que esta piedra crece del verdor del aire, así también disuelve varias enfermedades de los humores, y recuperará así su audición.

Y quien tenga muy tapada la nariz ponga el jaspe cerca de la boca y expire sobre él su aliento cálido para que se caliente y se humedezca; póngalo así en el orificio nasal y comprima la nariz con la mano para que su calor entre en la cabeza. Los humores de la cabeza se disolverán muy rápida y suavemente, y mejorará.

Y a quien se le levantan tempestades de humores, es decir, gota, en el corazón, la riñonada, o en cualquier otro miembro, póngase jaspe en ese lugar, y apriételo allí hasta que se caliente y la gota cesará, puesto que el buen calor y la buena virtud del jaspe sana y templa los humores que están demasiado calientes o demasiado fríos.

Y cuando en sueños aparecen rayos y truenos, es bueno para el hombre tener jaspe consigo, porque hace huir las fantasmagorías y las amenazas, y le dejan.

Porque el rayo y el trueno nacieron en el tribunal de Dios cuando la caída del primer ángel. Con el rayo y el trueno vienen los espíritus del mal que inducen al hombre a la tentación, y Dios les permite obrar. Pero se mantendrán alejados de cualquier lugar donde haya jaspe, debido a la majestad y de la pureza de esta piedra que está formada de aire puro. Las cosas que se parecen se unen y atrapan a su contrario. De este modo, lo impuro huye de lo puro y los espíritus del mal no soportan la pureza del jaspe.

Si una persona lucha en espíritu por algo, o quiere hacerse una idea de lo que le atrae; o si tiene en mente algo grande o necesita consejo; que ponga un jaspe en boca. Entonces la fuerza de la piedra pasará a su entendimiento, lo reforzará y lo refrenará para que no se pierda en las distracciones y diversiones sin encontrar un punto de vista claro, y le ayudará a conseguir lo verdaderamente útil. Porque la naturaleza del jaspe es estable y atrapa los estados de ánimo inestables que vuelven inestable la mente. De este modo, la persona recibe clara inteligencia.}

Cuando una mujer pare un niño, desde el momento en que empieza a dar a luz, tenga un jaspe en la mano todos los días de su alumbramiento para que los malignos espíritus del aire sean mucho menos capaces de dañarla o de dañar al niño, pues la lengua de la antigua serpiente se lanza hacia el sudor del niñito que está saliendo por la vulva de su madre, y la serpiente acecha tanto al niño como a la madre.

También, si una serpiente emite en algún lugar su respiración, pon jaspe allí y su respiración se debilitará y será menos dañina, y la serpiente dejará de respirar en ese lugar.

COMENTARIOS AL JASPE

¿Qué piedra era el jaspe de Santa Hildegarda?

El jaspe siempre ha sido conocido y apreciado casi con el mismo nombre: *iashpu* en asirio, *iashm y jashp* en persa. La última piedra del efod tenía el nombre hebreo de *yashpé*. Las murallas de la Jerusalén Celestial serán de jaspe, así como el adorno de su primera puerta. En griego, jaspe significa «piedra manchada». Ahora bien, el naturalista

Plinio dice que el jaspe «es verde y a menudo transparente», y desgrana a continuación otros colores: esmeralda, verde claro, color cielo, púrpura, azul púrpura sin brillo, turbio... Plinio dice también que «El mejor jaspe tiene algo de púrpura, el segundo algo de rosa, el tercero algo de esmeralda, la cuarta variedad algo del cielo otoñal, otra es parecida a la cornalina y otra imita el color de las violetas[1]...». Esta descripción sugiere que para Plinio el jaspe tenía otras características reconocibles que permitían identificarlo como tal a pesar de semejante diversidad de colores, y estas características podrían ser, además de su relativa abundancia y la extensión y tamaño de las canteras, su dureza superior al mármol y las manchas de colores.

Aunque las caóticas descripciones antiguas y medievales sugieren que en un momento u otro también se llamó jaspe al heliotropo («jaspe sanguíneo»), al ágata musgosa, a la crisoprasa (que Soláns opina era el jaspe de los antiguos) y a la nefrita, al alba de la Edad Moderna llamaban jaspe a una piedra muy dura de grano fino, con manchas de colores y que podía extraerse en cantera. De hecho, Santa Hildegarda alude a sus manchas, que son tan variables como las nubes. Basada en ello, es muy posible que Santa Hildegarda llamara jaspe al mismo tipo de piedra que nosotros, dejando abierta la posibilidad de que solo llamara así al jaspe sanguíneo. El jaspe de color hígado fresco que suele venderse en comercios funciona perfectamente como dice Santa Hildegarda, pero la verdad es que también funcionan bien los guijarros de jaspe que pueden recogerse en el fondo de un barranco.

Características del jaspe

El jaspe es un cuarzo de grano fino con cantidades ínfimas de hierro y óxido; se dice que es de grano fino porque sus cristales solo se distinguen al microscopio. Es opaco y presenta manchas que dieron origen al adjetivo «jaspeado». Tiene hasta un 20% de compuestos que le dan sus colores fundamentales: rojo, amarillo o verde, aunque puede tener muchos más en distintas combinaciones. Su brillo es vítreo y el índice estimado de refracción es 1,54 pero no presenta fenómenos luminosos

---

1 Plinio: op.cit, 37, 115-117

de ningún tipo. No se exfolia y la fractura es astillosa. Su dureza es de 6,5 a 7, y su densidad varía de 2,58 a 2,91; la raya puede ser blanca, amarilla, parda o roja. Se presenta como relleno de grietas o en nódulos, pero en muchas regiones del planeta ocupa importantes extensiones.

El jaspe recibe nombres comerciales muy variados según los dibujos y colores de sus manchas: heliotropo o diaspro sanguíneo (jaspe verde y rojo), jaspe de ojos (por sus muchos círculos), jaspe imagen (dibujos abstractos en gris y beis), paisaje jaspe (desierto de arena), jaspe pop (multicolor con manchas), jaspe piel de serpiente (rayas rojas y blancas), jaspe tigre (bandas anchas marrones y amarillas), jaspe turitella (marrón oscuro con conchas de caracol fósiles). El jaspe indio es el jaspe tricolor típico, rojo, amarillo y verde, a veces con calcedonia y ágata, y zonas sin color, azul claro y lila. En los guijarros españoles el jaspe más fuerte es gris y rojo.

Formación del jaspe

El jaspe nace de rocas que se descomponen en fragmentos, arena y polvo, que el viento y el agua se llevan y depositan lejos. Así se forma arenisca con la arena llevada por el viento o los aluviones, y arcilla con el polvo que llevó el viento o la sedimentación de los lodos. Tanto la arenisca como la arcilla son porosas y se distinguen por el tamaño de sus granos, que son visibles en la arenisca y no en la arcilla. Cuando una crecida de aguas inunda esta roca porosa, el ácido silícico cristaliza allí y cementa los granos de arcilla y de arena, formando un cuarzo de grano fino con muchísimos «cuerpos extraños»: Es el jaspe[2], tan duro y tenaz que no se deshace, y por eso lo encontramos en guijarros en los barrancos, los arroyos y las playas.

Una versión más sencilla de este proceso es que el jaspe se formó al anegarse el suelo calizo formado por esqueletos de radiolarios, que cubrieron de aguas muy cargadas de silicio recogido en las escorrentías de las montañas, conjetura que también se adapta al Prefacio de Santa Hildegarda. En todo caso Santa Hildegarda tenía razón cuando habla

---

2 Gienger, op. cit. Cap. Jaspe.

de la arena inundada por líquido que luego se seca y se transforma en piedra sólida.

Para ella, el jaspe es más del agua y del aire que del fuego, lo cual es exacto porque el jaspe se forma relativamente «en frío». Por otra parte, su afirmación de que «el jaspe tiene distintos calores» es también exacta, pues su variada coloración modifica su calor específico y su conductibilidad.

Procedencia de los jaspes

En España abundan los jaspes en Benabarre (Huesca), Montjuich y Grávalos (Rioja), y son muy hermosos y abundantes en Córdoba y Huelva. Los jaspes de colores de Granada, Málaga y Cabo de Gata, que adornan tantos monumentos, habrían hecho las delicias de Plinio. Fuera de España, los jaspes también abundan, y en ocasiones forman el suelo de cauces de ríos o regiones enteras, como en Venezuela.

Confusiones e imitaciones del jaspe

Precisar las diferencias que distinguen al jaspe de otros cuarzos microcristalinos es difícil. El criterio más sencillo es que si tiene bandas es calcedonia y si tiene manchas es jaspe. Otro criterio es que los jaspes proceden de zonas volcánicas y las ágatas de antiguos lagos; que las ágatas están en los bordes y laderas de los cerros testigos y los jaspes en el fondo del barranco; que los cantos rodados de grano fino, si son rojos, son de jaspe, si negros, ónice; si marrones, sardo; si grises, calcedonia; y si amarillos, ágata. Todos ellos son criterios cómodos que ayudan un poco pero que son inexactos; no todos están de acuerdo con ellos y los contraejemplos abundan.

APLICACIONES DEL JASPE

SORDERA (DOLOR DE OÍDOS. MOLESTIAS)

Calentar y humedecer con el aliento un jaspe del tamaño de una aceituna que tenga argolla y cadenita. Una vez caliente, envolverlo en gasa, meterlo en la oreja y dejarlo allí diez a quince minutos, tapado con una tela finita para que el calor del jaspe pase al oído. Repetirlo dos o tres veces al día hasta que desaparezcan las molestias. La sordera se curará en dos o tres meses.

> «A raíz de un enfriamiento, un niño de cinco años estuvo supurando tres meses por detrás del tímpano y perdió el oído. El otorrino le instaló entre grandes dolores un tubito que no le mejoró nada, así que se lo volvieron a quitar. En vez de eso, todos los días le poníamos varias veces al día una aceituna de jaspe con una cadenita de plata en cada oreja. Al tercer día podía oir, había dejado de supurar y no tenía dolores. Ahora siempre lleva al cuello una cadenita con «el jaspe mágico».

NARIZ TAPADA (CONSTIPADO. ALERGIA DEL HENO. SINUSITIS. CATARRO CRÓNICO)

Calentar y humedecer con el aliento un jaspe del tamaño de una aceituna sujeto con una cadenita. Una vez caliente introducirlo de 10 a 15 minutos en uno de los orificios nasales, comprimiendo la nariz con la mano para que penetre el calor. El tapón se disolverá suavemente enseguida y el paciente mejorará. Strehlow informa de un paciente de 44 años que se había operado tres veces los senos en distintas clínicas y que al final se sometió a una operación radical que le extirpó toda la mucosa, pese a la cual aún tenía más dolores y sus numerosos lavados no le aliviaban nada; todo le dolía. Finalmente empezó a ponerse alternativamente en ambos orificios nasales una aceituna de jaspe y al cabo de una semana estaba sin dolores, y en ese estado sigue cinco años después.

> «Mi marido padecía desde hace 25 años una sinusitis que había tratado con infinitas medicinas clásicas y alternativas. Por su cumpleaños le regalé dos aceitunas de jaspe que le desencadenaron horribles dolores de cabeza,

pero después pudimos hacerle la limpieza de los senos cada dos semanas, lo que antes era imposible. En las últimas semanas todavía moqueaba muchísimo, pero desde entonces se siente liberado y ya no tiene molestias ni siquiera en tiempo frío»[3]

GOTA. TEMPESTADES DE HUMORES. (LUMBAGO. CIÁTICA. DOLORES REUMÁTICOS CODO DE TENISTA. DOLOR DE COSTADO. NEURALGIA DEL TRIGÉMINO. CÓLICO BILIAR)

Dice Santa Hildegarda que el jaspe «disuelve varias enfermedades de los humores» (es decir, de las secreciones internas) y que «a quien se le levanten tempestades de humores, esto es, gota, en el corazón, la riñonada, o en cualquier otro miembro, póngase jaspe en ese lugar, y apriételo allí hasta que se caliente y la gota cesará, puesto que el buen calor y la buena virtud del jaspe sana y templa los humores que están demasiado calientes o demasiado fríos». Así que ante cualquier «tempestad de humores» póngase jaspe encima y apriételo hasta que se caliente, y cesará el dolor; y si es por la noche, sujételo con esparadrapo. Aunque pocos de nosotros sabemos qué es una tempestad de humores, todos entendemos bien que el dolor avisa que algo va mal. Para el dolor, la eficacia del jaspe es asombrosa:

> «Iba conduciendo y el dolor reumático de la mano derecha se me hizo insoportable. Aparté la mano del volante y empuñé un jaspe muy poco tiempo, quizá un minuto, no mucho más. El dolor desapareció y no ha vuelto».

Es como si el frío natural del jaspe se llevara el calor de la inflamación del músculo, el tendón o los nervios. Véanse estos casos del Dr. Strehlow:

> «Tras una mudanza en la que trabajé duro, tenía terribles dolores, no podía mover el brazo izquierdo, y para levantarlo necesitaba ayudarme con el derecho. El dolor no me dejaba dormir del lado izquierdo. Enseguida

3 Strehlow, op.cit., pp.96-102. Este capítulo es el que más casos clínicos presenta.

me puse una gran pulsera de jaspe en el brazo y otra en la zona del codo. El primer día ya disminuyó sensiblemente el dolor y al cabo de dos días más podía moverlo sin dolores».

Otro paciente que estuvo trabajando en el huerto:

«Tuve unos dolores de espalda tan severos que no podía moverme. Durante cinco días llevé una laja de jaspe donde me dolía. Desde el primer día cedió el dolor y a los dos o tres días se fue. En todo este tiempo no tomé medicinas».

Otro dice:

«Una laja de jaspe me libera en menos de dos horas de los dolores de ciática, contra los que había probado toda clase de medios naturales. Me la pongo donde me duele tres días y tres noches, y estoy sin dolores incluso con mal tiempo».

Otro dice:

«Después de una comida abundante, la vesícula me estuvo doliendo cada vez más. Me puse enseguida un jaspe frío como el hielo donde me dolía y a los diez minutos se me pasó el dolor».

Un paciente se cayó de rodillas apoyándose en la muñeca; no se rompió nada pero a las tres horas tenía terribles dolores y:

«Como no llevaba encima ningún analgésico, me até una laja de jaspe en la rodilla y la muñeca. A los cinco minutos, las dos articulaciones ya no me dolían, aunque todavía no podía moverme, andar, ni agarrar. Por la noche me sujeté la laja de jaspe con una venda en ambas articulaciones. La mañana siguiente pude moverme por la casa, contenta de haber podido ayudarme por mí misma sin haber ido al hospital, sin radiografias ni escayolas».

Corazón

Al hablar de las tempestades de humores, Santa Hildegarda menciona en primer lugar el corazón. El procedimiento es el mismo: apretar el jaspe sobre el corazón hasta que se caliente, y entonces apartarlo para que se enfríe; repetirlo dos o tres veces hasta que pase la molestia y por las noches, colgársela al cuello con una cinta de seda de modo que apoye en el pecho. Dice Strehlow (2006): «Pacientes que necesitaban un marcapasos me han contado que evitaron una operación y pudieron mejorar el funcionamiento del corazón solo con llevar colgado un jaspe sobre la caja torácica o por el efecto refrescante del jaspe».

> «Padecía frecuentemente de molestias y alteraciones del ritmo cardíaco y había probado de todo, y entre otras cosas, betabloqueantes y Tromcardin, todo sin éxito, y me iban a operar para ponerme un marcapasos. En una conferencia sobre Santa Hildegarda me aconsejaron ponerme un jaspe encima del corazón y tenerlo allí hasta que se calentase. Desde entonces, esta laja de jaspe no me deja en la estacada, la llevo siempre conmigo y no quisiera olvidarla».

Y otro dice: «Sufro hipertiroidismo y padezco frecuentes alteraciones del ritmo cardíaco, hasta 120 pulsaciones por minuto. Cuando me aplico la laja de jaspe, mi pulso baja a 72 u 80 y el corazón me late de nuevo con regularidad».

Infecciones del niño durante el parto

Hay niños que al empezar el parto estaban perfectamente sanos, y que en el tramo final de su salida al mundo contraen una peligrosa infección que su misma madre, por lo demás perfectamente sana, ignoraba completamente. Santa Hildegarda ofrece una profilaxis sencilla: desde el momento en que la mujer empieza a dar a luz, mantenga jaspe en la mano todo lo que dure el parto para que los malignos espíritus del aire no puedan dañarla ni dañar al niño, especialmente en el momento en que atraviesa la vulva de su madre.

Sueños con rayos y truenos. (Alucinaciones. Pesadillas. Insomnio)

Dice Santa Hildegarda que cuando se sueña con rayos y truenos conviene tener jaspe cerca porque hace huir las fantasmagorías y las amenazas. La recomendación puede extenderse a las pesadillas, según la experiencia de Juancho, niño de cinco años que sufría desde los cuatro años pesadillas recurrentes, sumamente violentas que sus padres no sabían a qué atribuir ni cómo tratar. Bastó un jaspe debajo del colchón para acabar para siempre con sus pesadillas. En días sucesivos, sus padres sacaron el jaspe a la mesilla y más adelante lo pusieron en un estante. Las pesadillas desaparecieron, pero cuando fueron de vacaciones a Marbella se reanudaron. Se habían olvidado la piedra.

Dominar totalmente el insomnio y conseguir dormir bien es muy difícil porque se oponen a ello muchas concausas, pero aunque Santa Hildegarda no lo diga expresamente, el jaspe mejora sustancialmente la calidad del sueño. Una vecina esperaba un bebé y le dimos un jaspe para el parto. La niña nació felizmente, pero se reveló una llorona que no dejaba dormir a sus padres. Sugerimos que le pusieran el jaspe debajo del colchón y no supimos más del asunto hasta que pocos meses después la vecina nos dio inesperadamente las gracias porque desde que puso la piedra la niña duerme ocho horas seguidas.

Hace huir a los espíritus del mal

> «Los espíritus malignos se mantendrán alejados de cualquier lugar donde haya jaspe por la majestad y la pureza de esta piedra, formada de aire puro [...] Los espíritus del mal no soportan la pureza del jaspe».

Claridad mental (Serenidad. Consejo. Concentración)

Dice Santa Hildegarda que cuando alguien a) está luchando en espíritu por algo; b) quiere tener una idea clara de lo que le gusta; c) proyecta en su mente algo grande; o d) necesita consejo, debe ponerse un jaspe en boca porque entonces 1) no solamente pasará a su entendimiento la fuerza de la piedra, sino que además; 2) reforzará su entendimiento; 3) lo refrenará para que no divague sin encontrar un punto de vista claro; 4) y le ayudará a conseguir algo verdaderamente útil, porque 5) el jaspe es estable y atrapa los estados de ánimo inestables que desestabilizan la mente ; y con todo ello 6) recibirá clara inteligencia. El caso siguiente de una presentadora de televisión indica que además el jaspe transmite también serenidad:

> «Antes de salir en pantalla me tomaba cuatro o cinco tranquilizantes para relajarme y si no los tomaba, estaba toda la semana nerviosa intranquila e inquieta [...] Lo peor eran los trastornos cardíacos de origen nervioso. Finalmente me puse una loncha de jaspe encima del corazón. Mientras que antes las molestias cardíacas me daban un ataque de pánico, ahora el corazón se me tranquilizó en cinco minutos. Ahora estoy superfeliz y pocas veces me altero ya en las presentaciones. La laja de jaspe me acompaña siempre y con ella me siento segura y sin miedo».

Serpientes

Para alejar las serpientes, poner un jaspe allí donde tengan su nido, y las debilitará.

Forma de la piedra

Una laja de jaspe como de 6 cm de diámetro y 3 a 4 mm de espesor, perforada y con una cinta de seda de unos 50 cm. Dos cantos rodados del tamaño y forma aproximados de una aceituna, con argolla y cadenita. Un guijarro de jaspe pulido de unos 6 cm de dimensión mayor, para tenerlo en la mano, y un canto rodado o un pequeño jaspe plano para meterlo en la boca.

11

PRASIO

El prasio crece cerca de la caída de la tarde, cuando el sol sustrae sus rayos a las alturas de la tierra y cuando ya se acerca el rocío y el sol cae poco a poco sobre las piedras de dichos montes y los incendia fuertemente; y así nace allí el prasio del ardor del sol, y de la humedad del aire y del agua y el verdor del rocío.

Quien tenga fiebre ardiente envuelva prasio en un poco de masa de pan candeal, y átelo así envuelto en un paño y téngalo tres días y tres noches sujeto sobre su ombligo y cesará la fiebre.

Pero si alguien tiene un golpe en cualquier parte de su cuerpo a causa de un impacto o una caída, tome manteca de cerdo añeja y mézclela con pesos iguales de salvia y tanaceto. Meta allí el prasio y caliéntelo al sol o al fuego. Luego colóquelo todo con la piedra así caliente encima del lugar donde le duele, y mejorará.

COMENTARIOS

¿QUÉ PIEDRA ES EL PRASIO?

La palabra «prasio» viene del griego y significa «el verde del puerro». Santa Hildegarda menciona el verdor del rocío. No hay mucho más sobre esta piedra en la Antigüedad; no estuvo en el efod ni estará en la

Jerusalén Celestial, y Plinio se limita a confirmar que es verde, lo mismo que Marbodio. El nombre se ha mantenido desde la antigüedad clásica, pero no así la certeza de qué piedra designa, quizá porque no era de las más conocidas ni apreciadas. Los gemólogos están de acuerdo en que es un cuarzo verde, pero no parece que estén de acuerdo en nada más. Si nos asomamos a *prase* en el Google en inglés, nos muestra una abrumadora mayoría de cristales verde apagado y sucio, con algún bonito cuarzo microcristalino; mientras que en el Google en alemán, la página *praser* muestra cuarzos verdes macro y microcristalinos al 50%.

La ambigüedad es similar si nos atenemos a las descripciones escritas. De los gemólogos alemanes que escriben sobre Santa Hildegarda, uno dice que es microcristalino: «El prasio pertenece a la familia de la calcedonia» pero otro que es un cristal de cuarzo trigonal[1]. Otras fuentes omiten pronunciarse, e incluso hay quien afirma (con evidente desprecio a los hechos) que no hay más cuarzo verde que la prasiolita, una falsificación brasileña de los años 50. Los más eclécticos dicen con evidente exageración que todo cuarzo verde es prasio, sea microcristalino o no. En esta ceremonia de la confusión, hay quien llama prasio al jaspe verde, lo mismo que en tiempos se llamó *prasme* a una calcedonia verde oscura que hoy se llama *plasma*.

Volviendo a los orígenes, es razonable suponer que a los griegos que empezaron a llamar «puerro» a esta piedra, les atrajera su forma geométrica y su manera de presentarse en racimos de cristales como en las islas de Elba y Sérifos (Sérpanto). Santa Hildegarda pudo conocer cristales de cuarzo verde del San Gotardo o San Cenís, en los Alpes, o de Goschenen y Beitenbrunn en Sajonia. Por lo demás, ella es la única que habla de su utilidad terapéutica contra la fiebre y las contusiones. Quinientos años después de Hildegarda, se dio el nombre de aventurina a un cuarzo verde con inclusiones de mica, que en esencia es un prasio lo mismo que el «cuarzo esmeralda» y el cuarzo llamado «jade africano».

Podemos considerar que Santa Hildegarda llamó prasio al cuarzo verde macrocristalino; pero si éste no funcionara, hay que probar con otro cuarzo verde, esta vez microcristalino.

---

1 Strehlow, p. 114; Gienger, p. 42.

Características del prasio

El prasio es un cuarzo cristalizado de intenso color verde. No hemos visto ejemplares totalmente transparentes, aunque algunos tienen las inclusiones tan separadas que dejaban ver a través como un cristal de roca; en general solo son traslúcidos u opacos. El prasio se estima más cuanto más uniformemente tenga distribuido el color. Su índice de refracción es de 1,51 a 1,54; y la birrefringencia 0,004. Químicamente es un óxido de silicio que cristaliza en el sistema trigonal. Su dureza es 6,5, raya blanca, fractura concoidea o astillosa, y densidad 2,61. Los cristales de prasio son realmente raros y solo abundan en la isla griega de Sérifos (Sérpanto). En el comercio se presentan normalmente en forma de cantos rodados pulidos o trozos de masa compacta que se venden con el nombre de «budstone» o «jade africano».

Formación del prasio

A diferencia del ágata o del heliotropo, el prasio no está formado de calcedonia microcristalina, sino de cuarzo macizo sometido a altas temperaturas. Cuando Santa Hildegarda dice que «el prasio nace del ardor del sol que incendia fuertemente los montes, así como de la humedad del aire y del agua y el verdor del rocío», está describiendo un proceso hidrotermal con mucha presión y temperatura.

Procedencia de los prasios

No hay constancia de hallazgos de prasio en España. En Europa se extrae de los Montes Metálicos (Alemania), Salzburgo (Austria), Finlandia y Escocia, así como en las islas de Elba y de Sérifos (Sérpanto) en Grecia. En los comercios se encuentra prasio de México, Brasil, Estados Unidos y Australia.

Confusiones e imitaciones del prasio

Como se ha visto, las confusiones posibles son muchas, no solo con piedras verdes de dureza 7 sino también con otras piedras más duras (esmeraldas, berilos, circones y granates verdes) y más blandas, como el jade o la preciosa calcita verde mexicana. Aunque se ha escrito que no existen más cuarzos verdes que los falsificados, en la Naturaleza y en el comercio hay muchos cuarzos verdes naturales. Lo que hay que procurar es que estén sin teñir, cosa que es más fácil cuando están en bruto. Para distinguir un prasio, búsquese un canto rodado cuyo aspecto general sea verde o verdoso, y que al mirarlo de cerca o con lupa sea transparente en los bordes y tenga puntitos verdes claramente separados y distinguibles. Otra opción sería aceptar que es prasio todo cuarzo verde, aunque sea microcristalino, y probar con un pedazo de aventurina sin pulir.

APLICACIONES DEL PRASIO

Santa Hildegarda dice que el prasio nace del vigor del rocío, lo que le atribuye gran importancia por su potencia refrescante y vivificadora.

Fiebre ardiente (Alergia. Insolación. Escarlatina. Sarampión. Rubeola)

La expresión «fiebre ardiente» descarta los estados vagamente febriles, y las fiebres recurrentes, y designa una fiebre muy alta que puede causar al enfermo daños irreversibles. El tratamiento es sencillo: Amasar un poco de masa de pan candeal con un prasio, envolver la masa en tela y sujetarla tres días y tres noches encima del ombligo del paciente. La zona del ombligo podría estar enrojecida al levantar el apósito o incluso antes, pero no importa porque la rojez desaparece enseguida.

Gienger (1997) hace notar que el carácter refrescante que el rocío confiere al prasio se manifiesta físicamente pues alivia la fiebre y los dolores ardientes, las enfermedades infecciosas, erupciones, inflamaciones y dermatitis; incluso picaduras, quemaduras del sol y golpes de calor. Strehlow (2006) por su parte aporta este caso:

> «Un joven tenía que llevar pañuelo para taparse un eczema crónico que tenía en el cuello. Cuando se puso la compresa de masa de pan y prasio, se le puso el ombligo completamente rojo y el eczema desapareció para siempre. Tres días después también había desaparecido la rojez del ombligo»[2].

Strehlow cuenta también el caso de un paciente con fiebre del heno y alergia al trigo que se curó completamente con una dieta hildegardiana de saneamiento del intestino, que complementó poniéndose un prasio al cuello.

Caídas. Contusiones. Impactos (Cardenales. Heridas. Quemaduras. Trombosis)

Santa Hildegarda habla aquí del remedio para un golpe en cualquier parte del cuerpo a causa de una caída o de un impacto (*ictus*), palabra que en sus tiempos valía tanto para pedrada como para flechazo y, en tiempos posteriores, para un tiro.

Se mezclan pesos iguales de tanaceto (palma rizada) y salvia frescos con manteca de cerdo rancia («unto») y se embute un prasio en el emplasto. Se calienta el emplasto poniéndolo al sol o a un calor muy suave a la plancha, y se lleva así caliente adonde duele. Comenta el Dr. Strehlow la sorprendente rapidez con la que disminuye la inflamación al aplicarlo sobre la zona magullada. El tratamiento debe repetirse varias veces hasta que desaparezca el dolor.

Según el Dr. Strehlow puede aplicarse amatista en vez de prasio. Dice asimismo que para la trombosis, el emplasto se puede complementar con una compresa de cáñamo humedecida con jugo de ortigas. Como el prasio es más eficaz si se aplica enseguida, dice que debería formar parte de la farmacia familiar y del kit de viaje.

---

2 Strehlow, op. cit., p.116

Formas de la piedra

Para las aplicaciones citadas bastará un canto rodado de prasio, o un trozo de prasio en bruto. Aplicaciones innovadoras como la del joven del eczema que cita Strehlow requieren un colgante con argolla.

12

CALCEDONIA

La calcedonia crece cuando el sol ya casi se ha escondido después de la hora de vísperas, cuando el aire todavía está algo caliente. Y la calcedonia trae su calor más del aire que del sol, y tiene buenas virtudes.

Y si algún hombre la lleva y la tiene junto a sí para que toque su piel, de modo que esté puesta sobre alguna vena de su cuerpo, la vena y la sangre recibirán su calor y su virtud y los llevarán a las demás venas y al resto de la sangre.

Y esta piedra desvía del ser humano las enfermedades y le da una mente muy fuerte contra la iracundia, y así será tan manso de costumbres que casi nadie podrá encontrar la forma de provocarlo, incluso si se le provoca la ira con una injusticia o le dañan injustamente.

Y quien quiera tener un modo constante de hablar y proferir sabiamente lo que dice, mantenga calcedonia en su mano y caliéntela con su aliento para que se humedezca con él y lámala entonces con su lengua y podrá hablar con firmeza a la gente.

COMENTARIOS A LA CALCEDONIA

¿QUÉ PIEDRA ES LA CALCEDONIA?

La calcedonia (a la que en latín llamaban en masculino calcedonio) toma su nombre de una antigua ciudad del Bósforo que los turcos llaman ahora Kadiköy, frente por frente del actual Istanbul. Calcedonia es el nombre que actualmente suele darsea toda la familia de los cuarzos microcristalinos (con la posible salvedad del jaspe): ágata, cornalina, crisoprasa, heliotropo, ónice, sardo, sardónice y xilópalo. En un sentido más restringido, se llama ahora calcedonia a los cuarzos microcristalinos blancuzcos, agrisados o azulencos y de superficie irregular y abullonada.

La calcedonia es realmente fea y áspera, y no figuraba en el efod del Sumo Sacerdote judío, pero adornará los cimientos de la tercera puerta de la Jerusalén Celestial, quizá porque aunque fea, no solo es dura sino sumamente tenaz. La razón de que una piedra tan fea se haya estimado tanto tal vez se deba a la inmensa variedad de aspectos, peculiaridades y características que pueden presentar estas piedras. Tanto en sentido amplio como en sentido restringido algunas calcedonias no parecen minerales, ni menos aún cristales, sino que tienen cierto aspecto de cosas orgánicas, algas, costras u hongos. Nunca es transparente, y solo a veces es traslúcida, en una ancha gama que llega hasta piedras tersas y opacas en las que la lupa nos revela miles de cristales brillantes y generalmente transparentes, así como la presencia de inclusiones superficiales negras o amarillas.

La calcedonia está tan próxima al pedernal, la piedra de chispa y el sílex que sería difícil establecer las fronteras respectivas; sólo en los últimos tiempos se ha dado en llamar calcedonias a los cuarzos de bandas teñidas de azul. Por eso no vale la pena buscar calcedonia pulida: casi cualquier china opaca es una calcedonia en sentido amplio, del mismo modo que son jaspe los guijarros rojos del lecho de un barranco.

El obispo Marbodio dice que la calcedonia tiene un brillo pálido, entre jacinto y berilo. San Alberto Magno describe como un cuarzo turbio y gris azulado, lo que actualmente llamamos calcedonia, y seguramente a esa piedra se refería Santa Hildegarda.

Características de la calcedonia

En sentido estricto, la calcedonia es un cuarzo microcristalino, opaco o traslúcido, de color grisáceo, tal vez amarillo verdoso o vagamente azulenco. Químicamente es un óxido de silicio. No se exfolia, da raya blanca y fractura concoidea (de como de concha), mostrando en ella un brillo como de cera, seda o incluso vítreo. Al microscopio o con lupa potente se ven perfectamente los diminutos cristales trigonales transparentes, asociados en fibras finas que refractan la luz: es el efecto llamado Tyndall por el físico irlandés que lo descubrió. Su dureza va de 6,5 a 7, y la densidad de 2,58 a 2,64, con una sorprendente resistencia a la fractura. En su estado nativo está protegida por costras de tierra, magnesita o calcita, formando una geoda o en el interior de una especie de emparedado de costras de piedra. Su tacto es como untuoso.

Formación de la calcedonia

Como dice Santa Hildegarda, la calcedonia se forma con el calor que queda en el aire cuando el sol ya se ha puesto; es decir que se forma en frío al secarse soluciones acuosas de ácido silícico. Como se secan rápidamente y a baja temperatura, los cristales son minúsculos. En las galerías de roca, donde el ácido silícico tuvo movimiento, la calcedonia forma bandas, pero allí donde estuvo quieta, como en las oquedades, su composición es relativamente uniforme.

Procedencia de las calcedonias

En España abunda en ambas mesetas y especialmente en la cuenca del Tajo, formando masas irregulares de muchos kilómetros cuadrados que impregnan también las calizas. Pueden hallarse en el borde de los oteros y en sus laderas así como en terrenos de aluvión al pie del cerro. Del valle del Manzanares salieron los grandes pedruscos que se ven en los bajos de los muros de las viejas casonas madrileñas. A pesar de extraerse durante siglos para empedrados y cimientos, todavía quedan muchas en el Cerro de Almodóvar (Vallecas), Parla, Villaverde y el Cerro de los Ángeles, centro geográfico de la Península. Todo sitio arqueológico con puntas de flecha, o donde hubo industria de tallado de piedras, está en las cercanías de pedernales y calcedonias; en Cantalejo

(Segovia) la industria de piedras para trillos duró hasta muy entrado el siglo XX.

Confusiones e imitaciones de la calcedonia

La principal confusión radica en la sugestión de que la calcedonia es azul y a rayas, cuando la realidad es que, en sentido estricto, la mayoría de las calcedonias no tienen bandas ni son azules ni mirándolas con la mejor voluntad. La mayoría de las calcedonias son feas y disformes y su aspecto es muy variado, incluso dentro del mismo yacimiento. Cubiertas de tierra o con una capa parduzca, o con una superficie abullonada, o arriñonada, costrosa, o agrietada, evocan vagamente algún desecho orgánico o restos de animales marinos de un color indefinido gris, pardo o ligeramente verdoso. En la gravilla, muchos guijarros blancos o grises de grano fino y tacto céreo son calcedonias. Los colgantes y cantos rodados con rayas y de bonito color azul celeste de las tiendas están teñidos artificialmente. En el comercio conviene buscar una laja lo más en bruto posible y con argolla para colgar.

APLICACIONES DE LA CALCEDONIA

Santa Hildegarda dice que la calcedonia tiene buenas virtudes, y eso en nuestros tiempos significa «que tiene buena influencia, la eficacia necesaria y la suficiente energía», algo que debe alertarnos, porque la Santa no decía palabras inútiles.

Venas. Sangre. Sistema circulatorio

Dice Santa Hildegarda que quien lleve esta piedra en contacto permanente con la piel y encima de alguna vena, la vena y la sangre recibirán su calor y su virtud, y la llevarán a las demás venas y el resto de la sangre. Una afirmación estupenda, tanto referida a todo el sistema circulatorio como a la propia sangre. Dice un paciente:

«Desde hace algún tiempo llevo un collar de calcedonia que me tranquiliza mucho. Ya no estoy tan triste e hipersensible con quienes me rodean. Además, mi colesterol ha bajado en seis semanas de 342 a 212»[1].

Desvía enfermedades

Santa Hildegarda dice también que «esta piedra aparta del ser humano las enfermedades», que es como decir que protege de caer enfermo. Ésta es también una afirmación estupenda que merece comprobarse sobre todo teniendo en cuenta que no comporta el menor riesgo.

Ira

Todos hemos lamentado alguna vez (y acaso más de una) el haber perdido los estribos. Donde el sol trabaja de firme, y el calor pone la irritabilidad a flor de piel, el uso de la calcedonia puede contribuir al bienestar general, porque proporciona fortaleza contra la ira y favorece el autocontrol.

Santa Hildegarda promete nervios de acero («una mente fortísima contra la iracundia», dice) y que quien la lleve tendrá un carácter tan apacible que casi nadie podrá encontrar la manera de provocarlo, aunque le provoquen con una injusticia o dañándole injustamente. En países donde desgraciadamente la palabra «manso» es peyorativa, no está de más recordar «Bienaventurados los mansos».

A las generosas indicaciones del epígrafe anterior, el Dr. Strehlow (2006) añade que la calcedonia tiene un papel importante en situaciones de estrés, al procurar que los ácidos de la bilis no se «desborden» con consecuencias destructivas. El exceso de acidez es responsable de que el sistema inmunitario se revuelva contra las células propias, y desencadene una cascada de enfermedades causadas por la rabia y la autoagresión, entre las que cita neurodermitis, hepatitis, bronquitis y nefritis, solo por nombrar unas cuantas. Cita el caso de una madre de

---

1 Este y los siguientes casos clínicos, tomados de Strehlov, op. cit., pp. 62-65.

hijos adolescentes, situación capaz de llevar a la exasperación y el agotamiento, que dice:

> «Desde que llevo un collar de calcedonia siento dentro de mi cuerpo la eficacia positiva de la piedra y estoy tranquila, apacible y comprensiva con mis hijos. Cuando viajo fuera de casa y siento que me irrito o me enrabio, enseguida me doy cuenta que me he dejado el collar de calcedonia».

CLIMATERIO

El climaterio supone hondos cambios permanentes en el organismo y es una fuente de estrés:

> «Tengo una pesada carga heredada de mi abuela y mi madre, que con 75 años todavía tenía hemorragias y sofocos. Tengo 57 años y cuando hace cinco tuve los primeros sintomas del climaterio, me puse un collar y una pulsera de calcedonia con los que lo he superado maravillosamente [...] Los llevo día y noche y desde entonces casi no he estado enferma».
>
> Otra paciente dice:
>
> «Los dos últimos años de mi climaterio he sufrido sofocos y sudores. Tuve que dejar una cura hormonal a causa de los efectos colaterales y entonces empecé con recetas de Santa Hildegarda. Llevo una pulsera de calcedonia, tomo vino de ruda y granulado de hinojo, de vez en cuando una tisana de salvia, y baso mi alimentación en espelta, fruta y verdura. Al cabo de una semana desaparecieron los sofocos y recuperé el equilibrio».

MUDEZ (TARTAMUDEZ. DISLEXIA. MIEDO ESCÉNICO. CONFIANZA)

El último párrafo de este capítulo de Santa Hildegarda dedicado a la calcedonia contiene dos proposiciones, de las cuales la primera se refiere a la mecánica de la expresión oral y la segunda a la eficacia del lenguaje.

En la primera se dirige a «quien quiera tener una forma de hablar constante». Constante significa «siempre la misma, sin interrupciones, permanente, fluída, tranquila, consecuente, firme». Es decir, una elocución clara y comprensible. Lo contrario de mudez, titubeo, vacilaciones, tartamudez y dislexia. La calcedonia puede auxiliar eficazmente el trabajo de los logopedas, con la consecuencia añadida de que restablece confianza de los pacientes en sus propias capacidades.

> «Mi hijo de tres años y medio de repente empezó a tartamudear, y tenía grandes dificultades para decir una sola palabra. Aunque recibió atención especial y todos le ayudábamos no hubo ninguna mejoría. Entonces alguien nos aconsejó darle una calcedonia para que la tuviese en la boca como si fuese un caramelo y al cabo de diez días mi hijo volvió a hablar sin tartamudeos. Cuatro semanas después volvió a tartamudear otra vez, pero entonces fue mi hijo mismo el que se metió la calcedonia en la boca. Yo le dije que solo la soplara y la lamiera, y así controlamos el ataque de tartamudeo. Desde entonces hacemos así cada vez que empeora».

Elocuencia. Claridad expositiva (Respuesta oportuna)

La segunda afirmación relacionada con el lenguaje se dirige a «quien quiera exponer sabiamente las cosas que dice»; lo que los antiguos llamaban elocuencia. Expresar convincentemente nuestros propósitos, exponer ordenada y persuasivamente el pensamiento, y conseguir una buena comunicación. Exponer sabiamente es también tener la respuesta oportuna, adecuada y justa en un debate o una entrevista.

El procedimiento es siempre tener calcedonia en la mano, echarla el aliento para que se caliente y humedezca y lamerla.

> «Como cirujano no necesitaba ser muy hablador, pero llegó la crisis cuando mis colegas me eligieron presidente de nuestra Asociación provincial. Me daba fiebre cada vez que tenía que dirigir las reuniones semanales. Mi mujer, que también es médico y amiga de Santa Hildegarda, me regaló una pulsera de calcedonia que me puse bajo el puño izquierdo de la camisa. Antes de cada reunión soplaba en la calcedonia y la tenía un rato en la boca, y desde entonces tengo la sensación de llevar un megáfono en la cabeza. Mi facundia no tiene freno y me divierte hablar ante mis colegas que nunca me habían conocido así».

Formas de la calcedonia

Un colgante al cuello que apoye en la vena; un collar de calcedonia; una pulsera de calcedonia, o una calcedonia pequeña con un pedazo de cinta adhesiva por ambas caras que pueda pegarse por dentro a la correa del reloj de modo que esté en contacto con el pulso. Para las demás aplicaciones, un fragmento pulido (o por lo menos sin picos ni filos) y con argolla para llevarla colgada.

13

CRISOPRASA

La crisoprasa crece cuando el sol ya se ha escondido por completo y entonces el aire y el agua están más turbios y tienen color verdoso. Esta piedra tiene energía nocturna cuando la luna está fortísima de sol, que es cuando está a la mitad y todavía no está llena; y también hay mucha energía en el calor templado e igual, así que la crisoprasa no es demasiado caliente sino templada.

En cualquier parte del cuerpo de un hombre donde atormente la gota, póngase crisoprasa sobre la piel desnuda y la gota cesará.

Y si un hombre se encoleriza mucho, ponga esta piedra en su garganta hasta que se caliente, y no podrá proferir palabras airadas hasta que se le aquiete la ira.

Pero en cualquier lugar donde esté esta piedra y haya un veneno mortífero, éste pierde su fuerza y se queda sin fuerzas y tan débil como el agua, es decir, impotente, y transforma el calor del veneno en debilidad, para que sea menos nocivo.

El hombre que tiene epilepsia tenga siempre crisoprasa consigo, y esta enfermedad nocturna, es decir la epilepsia, le dañará menos porque los espíritus del aire de alrededor no serán capaces de preparar sus burlas, y el doliente no echará espuma por su boca.

Y si alguien está poseído por el diablo, vierte un poco de agua sobre la crisoprasa, y diga:

—Agua, te vierto sobre esta piedra, en virtud de que Dios hizo el sol y la luna que se mueve.

Y déle este agua a beber al poseso como pueda, porque la beberá de mala gana; y todo el día lo retorcerá el diablo que está dentro de él, pero dentro de él estará más débil y no podrá manifestar sus poderes en él como hacía antes. Hágalo cinco días; y al quinto día prepare una tortita o un pan con la misma agua que vertió, y déselo a comer de la forma que pueda; y si no se trata de un demonio acérrimo, se marchará de esa persona.

Y de este modo se sabe si los demonios del aire son flojos o acérrimos: Si el hombre se ríe fácilmente y mira benévolamente a los hombres, y entretanto rechina los dientes, allí hay un espíritu del aire flojo. Si por el contrario el hombre habla de mala gana, o si prefiere enmudecer, y no se ríe de buena gana, retuerce mucho las manos y echa espuma por la boca, es un demonio acérrimo y amargo y la crisoprasa no sirve de gran cosa para expulsarlo, pero lo torturará y debilitará dentro del hombre. Y el demonio se marchará de alguna otra manera, cuando Dios quiera.

COMENTARIOS A LA CRISOPRASA

¿QUÉ PIEDRA ES LA CRISOPRASA DE SANTA HILDEGARDA?

Crisoprasa es una palabra griega compuesta de «oro» y «puerro» que en la Antigüedad y la Edad Media se aplicó a unas piedras verdes que tenían algo dorado; no sabemos si porque tuvieran inclusiones doradas, o porque el verde tenía un matiz amarillento. Plinio[1], que la elogia y la llama su preferida entre las piedras verdes, después de la esmeralda, el topacio y el jade, dice que «tiene color del zumo de puerro pero tira un poco al topacio de oro», lo que más bien parece indicar un tono peculiar de verde. El almirante romano describe dos crisoprasas: una variedad verde del berilo, y otra más parecida al prasio.

Esta segunda es la que podría identificarse con la crisoprasa actual, que también es un cuarzo, como el prasio, aunque la crisoprasa es más clara, y a veces verdeamarillenta, como la llamada crisoprasa limón. Plinio dice que en su tiempo las había tan grandes que con ellas

1 Plinio: op.cit, cap. 37, cp. 34, 113, 1.

hacían copas, además de anillos para sellar como se venía haciendo desde los sumerios. Ahora ya no se hacen objetos de gran tamaño, sino bolitas.

La versión alemana de la Biblia la pone de adorno en los cimientos de la décima puerta de la Jerusalén Celestial, pero no así la española, que en esa puerta pone ágata. El obispo Marbodio versificó con toda humildad que :

> La crisoprasa la exporta la India, el hogar de las piedras.
> Recuerda el jugo de puerro y tiene color de mezcla.
> Brilla con gotitas doradas como la tintura púrpura.
> Y aún no he logrado saber qué virtudes posee,
> pero supongo que las tiene.
> ¡No se puede saber todo!

En vista de todo ello, y teniendo en cuenta que Santa Hildegarda dedica un capítulo al berilo, es lícito suponer que la crisoprasa que dice sea la actual o, mejor aún, la de los agotados yacimientos de Silesia (hoy en Polonia) que sirvieron para adornar la preciosa capilla de San Wenceslao de Praga, y que posiblemente eran más bonitas que las que se han hallado después. Con todo, la belleza tiene algo que ver con el precio: las crisoprasas más caras son de un verde montaña muy bonito, mientras que las más baratas tienen aspecto de pastilla de jabón húmeda y cercana a su fin, turquesa desvaída o malaquita pálida. Y eso es justo lo que sugiere Santa Hildegarda al decir que nace cuando el aire ya está verdoso: tiene un verde bonito, pero no muy intenso, sino pálidamente verdoso.

Características de la crisoprasa

La crisoprasa pertenece a la familia de las calcedonias, de las cuales es la más apreciada. Es un cuarzo microcristalino, óxido de silicio con inclusiones acuosas de níquel que le dan color verde. Su color se atenúa con el sol y la luz, pero se recupera envolviendo la piedra en un paño húmedo, como sugiere Santa Hildegarda cuando dice que su nacimiento se produce en la tonalidad verdosa y turbia del aire y del agua. Su brillo es entre vítreo y céreo, y el índice de refracción de 1,53 a 1,539. Su dureza es 6,5 a 7 y su densidad 2,58 a 2,64. No tiene una dirección preferente de exfoliación, pero es frágil y su fractura, áspera. La raya es blanca. Llega a formar grandes piedras de coloración irregular, y las crisoprasas en bruto suelen tener inclusiones muy visibles de roca madre a blanca o parduzca.

Formación de la crisoprasa

La crisprasa se formó en frío y en ambiente más bien fresca, pues por algo dice Santa Hildegarda «cuando el sol ya se había puesto». Aguas cargadas de ácido silícico, verdosas y turbias, como dice la Santa, se depositaron en rocas ricas en níquel. Es de suponer que el ácido que venía a temperatura ambiente procediera de la tierra y de rocas en descomposición. Al irse secando las aguas poco a poco, el ácido silícico formó un gel que se metió en los intersticios y oquedades de la roca, y se fue endureciendo, dejando huecos y burbujas. Este gel primero se convirtió en una especie de ópalo verdoso que, al secarse se fue transformando en cristobalita tetragonal con níquel.

Como la red cristalina todavía no era estable, al seguir perdiendo agua, se recristalizó y formó la crisoprasa. El proceso nunca termina del todo porque la crisoprasa contiene todavía agua, gel de ácido silícico, prasopal y cristobalita. El resultado son masas de crisoprasa sensibles a la acción de los elementos (meteorizadas), que llenan fisuras o forman bultos sobre la roca madre.

Procedencia de las crisoprasas

No sabemos que haya otras crisoprasas en España que las que ofrecen las tiendas, ferias y colecciones. En Europa, las más hermosas eran del pueblo de Frankenstein en Silesia (hoy Zabkowice en Polonia), que Federico II de Prusia conquistó para adornar su palacio de *Sans-Souci*; también las hay en Italia y Suiza. Las que se hallan en el comercio proceden de México, Brasil, Australia, Madagascar, Rusia y Estados Unidos.

CONFUSIONES E IMITACIONES DE LA CRISOPRASA

La crisoprasa puede confundirse con jade (que tiene otro tono de verde más grisáceo); con la prehnita verde escocesa o australiana, que es más blanda (dureza 6); con la smithsonita, que es más abigarrada y mucho más blanda (dureza 5), de la que sí hay en España; y sobre todo con las calcedonias teñidas, que engañan mucho. Por regla general cabe suponer que una piedra fea y en bruto no está ni teñida ni es una imitación. La crisoprasa se confirma envolviéndola en un algodón húmedo, y dejando otra sin envolver para testigo; al cabo de una noche le habrá cambiado el brillo y debe estar más oscura.

APLICACIONES DE LA CRISOPRASA

Como advertencia general, Santa Hildegarda nos dice que la energía de esta piedra es nocturna con luna en cuarto creciente, algo que convendrá tener en cuenta en sus aplicaciones.

GOTA (ARTICULACIONES DOLOROSAS. ARTRITIS. ANQUILOSAMIENTO)

Santa Hildegarda dice: «En cualquier miembro donde el *Gicht* atormente el cuerpo de un hombre, póngase crisoprasa sobre la piel desnuda y la gota cesará».

Este *Gicht* de Santa Hildegarda es la gota, pero también es, cualquier dolor reumático que limite el uso de un miembro. En su libro *Causas y Remedios de las Enfermedades*, Santa Hildegarda explica que el *Gicht* (para abreviar, la gota) se desencadena a causa de una «insurrección de humores (secreciones internas)» causada por el abuso de ciertos alimentos o bebidas, o por la incontinencia sexual, confirmando así la creencia tradicional que echa la culpa de la gota a Baco y Venus. El Dr. Strehlow (2006) aporta estos casos[2]:

2 Strehlow, op.cit. pp.74 — 75

«Tengo 63 años y desde hace quince sufro poliartritis incurable, según la medicina oficial, que me han tratado con analgésicos, cortisona y Metrotrexat, con pérdida de mucha calidad de vida. Gracias a Dios me enteré de la medicina de Santa Hildegarda: sangrías, cura de membrillo, cura de oro, pomada de ajenjo, elixir de menta rizada y lajas de crisoprasa en las articulaciones doloridas. Todo esto ha hecho que no solo haya dejado de tomar los remedios de la medicina oficial, sino que tengo tan controlada la poliartritis que hace ya cinco años que no tengo dolores».

Otro paciente dice:

«Tenía unos dolores en las rodillas tan terribles que apenas podía andar. En el hospital me hicieron una artroscopia que empeoró mis dolores; solo podía andar con bastón. Los médicos me aconsejaron operarme, pero entonces probé los métodos de la medicina hildegardiana. Con ayuda de una rodillera me puse dos crisoprasas a a ambos lados de mi rodilla derecha. Los dolores desaparecieron en cinco minutos y desde entonces no han vuelto. Tres semanas después podía andar sin bastón. Ahora froto regularmente mi rodilla con pomada de ajenjo, tomo comidas de espelta y pata de vaca[3] una vez a la semana. Ya no necesito operación».

En honor a la verdad debemos mencionar un severo contraejemplo: Un amigo nuestro, vigoroso y en espléndido estado de salud a sus 80 años, padecía terriblemente de la rodilla derecha y le hablamos de la crisoprasa. Enseguida se puso una rodillera con una crisoprasa a cada lado, pero se la tuvo que quitar al ver que las piedras se le habían embutido en la hinchazón de la rodilla. No quiso probar más y se ha operado. Revisando este contraejemplo, fue un error ponerse rodillera en vez de un esparadrapo, y aplicarse las piedras de día y no de noche, que es cuando, dice Santa Hildegarda, comunica fuerza la piedra.

Cólera. Mansedumbre

Como ya se dijo de la calcedonia, también la crisoprasa apacigua la tempestad de humores y los trastornos fisiológicos que desencadena la

[3] La pata de vaca que dice la paciente, ingrediente fundamental de los callos que tiene mucho colágeno, es fundamental para restaurar la articulación.

ira: «Y si un hombre se encoleriza mucho, ponga esta piedra en su garganta hasta que se caliente y no podrá proferir palabras airadas hasta que se le aquiete la ira».

Veneno. Intoxicaciones

Dice Santa Hildegarda que en cualquier lugar donde esté esta piedra y haya un veneno mortífero la crisoprasa emite su influencia y lo vuelve inocuo y débil como el agua, pues transforma el calor del veneno en debilidad para que sea menos nocivo. El tema es como para no andar probando, pero puede ser útil y no hará ningún daño, por ejemplo, sumergir crisoprasa en las distintas aguas que se beben a lo largo de un viaje, que con frecuencia desencadenan lo que la Santa llama tan descriptivamente «tempestades» digestivas: la venganza de Moctezuma que dicen los mexicanos.

Epilepsia

En su libro *Causas y Remedios de las Enfermedades*, Santa Hildegarda distingue muy bien entre el ataques de epilepsia (*morbus caducum*) y la obsesión, infestación o posesión diabólicas que son cosas muy distintas. Sin embargo también deja claro que los malignos espíritus del aire aprovechan los ataques de epilepsia para burlarse del enfermo humillándole en el momento de máxima debilidad y prostración. Por eso dice que el epiléptico debería llevar siempre crisoprasa consigo, porque así la enfermedad le dañará menos, ya que los espíritus del aire no podrán preparar sus burlas, y tampoco el doliente echará espuma por la boca. La función de la crisoprasa es evitar que se produzca el ataque. El Dr. Strehlow (2006) aconseja además tomar tres veces al día polvo de galanga y miel, en proporción del 5% al 30%. La galanga (*Alpina galanga*) es una de las hierbas más útiles del recetario de la Física de Santa Hildegarda; en España es más fácil encontrarla como «jengibre negro».

POSESOS. (OBSESOS. INFESTADOS.ESQUIZOFRENIA. ENFERMEDADES CEREBRALES. PSICOSIS)

Sin extenderse en ello, en el conjunto de sus obras Santa Hildegarda menciona diversas categorías de espíritus caídos y hostiles al hombre. Menciona a Lucifer como el más poderoso, habla de otro casi igual de fuerte que él, asi como de una caterva de demonios y de otra de malignos espíritus del aire. Todos tienen distinta potencia, pero todos aborrecen las piedras preciosas porque les recuerdan la belleza que perdieron.

Al hablar de la crisoprasa, Santa Hildegarda da la regla para distinguir si los espíritus que atormentan a un hombre son débiles (*lenis*) o muy fuertes (*amarus*): Si el humano poseído se ríe fácilmente y mira benévolamente a los demás pero rechina los dientes, allí hay un espíritu del aire débil; pero si por el contrario el poseso habla de mala gana o prefiere enmudecer, no ríe de buena gana, retuerce mucho las manos y echa espuma por la boca, el demonio es acérrimo y amargo. La presencia demoníaca puede detectarse observando la reacción del paciente al agua bendita sin decirle qué es.

Las víctimas de los malos espíritus sufren un largo itinerario que va de médicos, psicólogos y psiquiatras a supuestos videntes, magos y brujas hasta que finalmente algún profesional de la medicina termina enviándolos al exorcista, que por lo demás suele estar sobrecargado de trabajo. Ahora bien, aunque Jesús dio a sus discípulos el encargo, la autoridad y el poder de expulsar demonios, la Iglesia docente ha restringido esta autorización a los sacerdotes exorcistas que cada obispo debe nombrar en su diócesis. El hecho de que haya diócesis sin exorcista explica por qué están las cosas como están, sobre todo teniendo en cuenta que el Fundador vino a la Tierra precisamente a echar a los demonios.

Pero hasta que la víctima llegue al exorcista, cualquiera de su entorno puede aplicarle lícitamente el tratamiento de Santa Hildegarda, que no es un exorcismo puesto que no increpa al demonio ni se dirige directamente a él. Hay que recordar que para enfrentarse al demonio, aunque no sea para practicar un exorcismo, no basta la buena voluntad, sino que hace falta, además de mucho valor, estar en amistad con Dios, la ayuda de santos, ángeles y arcángeles, y ciertos conocimientos elementales que el lector encontrará en cualquiera de las obras de reputados exorcistas católicos, que son cada vez más y mejor conocidas.

El procedimiento de Santa Hildegarda es muy sencillo, como casi todos los suyos, y consiste en verter agua sobre la crisoprasa en cantidad suficiente para todo lo que se va a hacer después y decir:

> —Agua, te vierto sobre esta piedra, en virtud de que Dios hizo el sol y la luna que se mueve.

Después hay que tratar de que el poseso beba de esta agua, como sea, cosa que al demonio no le gusta y procurará obstaculizar. Santa Hildegarda nos advierte que el diablo que está dentro de él lo retorcerá todo ese día, pero que se irá debilitando y no podrá manifestar sus poderes como antes. El procedimiento hay que repetirlo cinco días. El último día se prepara además una tortita o un panecillo con el resto del agua que se vertió sobre la crisoprasa, y se le da a comer como se pueda. Entonces, si el demonio no es de los más fuertes, se irá. Santa Hildegarda advierte que, si por el contrario, el demonio es acérrimo, la crisoprasa no servirá de mucho, pero lo atormentará y debilitará, así que terminará marchándose «de alguna otra manera, cuando Dios quiera».

Es de notar que el Dr. Strehlow (2006) aplica las afirmaciones de Santa Hildegarda sobre los posesos a los aquejados de esquizofrenia, enfermedades mentales y psicosis, que son cosas completamente distintas, pero en las que afirma que la crisoprasa puede contribuir a sosegar al enfermo, fortalecer su íntima seguridad y aventar las alucinaciones.

FORMAS DE LA PIEDRA

Para la mayoría de las aplicaciones, bastará con una o dos crisoprasas relativamente planas, mejor si están pulidas, de unos cinco por tres centímetros. Para llevarla permanentemente, un canto rodado de crisoprasa pulida, con argolla para colgar.

14

CARBUNCLO

El carbunclo crece durante el eclipse de luna. Pues cuando la luna ya está cansada como si quisiera deshacerse, mientras parece que quiere deshacerse, muestra por mandato divino que habrá hambre, pestilencias o cambios en los reinos. Entonces el sol emerge con todas sus fuerzas en el firmamento, y calienta a la luna con su calor, y su fuego la resucita, la levanta y la hace resplandecer de nuevo, como el que pone su lengua en la boca de otro para darle vida y sacar de la muerte al que ya estaba muerto; y entonces a esa hora nace el carbunclo, que tiene el esplendor del fuego del sol en el aumento de la luna, así luce más por la noche que durante el día, y así crece hasta que el calor del sol lo abandona.

Y como el eclipse de luna es raro, también esta piedra es rara y su virtud, rara y temible, por lo que debe emplearse con mucho temor y solicitud.

Pues si a un hombre le ha invadido cualquier enfermedad que altera sus humores (fiebre, gota u otra cualquiera) pónle al doliente, a eso de medianoche carbunculo en el ombligo, porque entonces su virtud es particularmente vigorosa, y póngale en el ombligo sólo hasta que el enfermo sienta que la piedra le ha calentado un poco, o hasta el instante en que ese hombre sienta en su cuerpo un pequeño movimiento, y sáquela enseguida porque entonces la virtud del carbunclo atraviesa su cuerpo y todas sus vísceras más que pueda hacer cualquier medicina o ungüento. Pero en cuanto el hombre sienta un pequeño movimiento en su cuerpo, quítele el carbunclo; porque si le permitieras estar más tiempo, su virtud le atravesaría todo el cuerpo y lo secaría.

Y así, esta piedra reprime y expulsa cualquier enfermedad del hombre.

Si a alguien le duele la cabeza, póngale carbunclo en la coronilla un ratito, es decir, hasta que caliente su carne, y quíteselo en ese momento porque la virtud de la piedra atravesará su cabeza más rápidamente que un preciosísimo ungüento o un bálsamo, y así mejorará su cabeza.

Si se pone esta piedra en los vestidos o en cualquier otra cosa, durarán mucho más tiempo y se pudrirán más difícilmente.

Y, dondequiera que haya un carbunclo, los espíritus del aire no pueden realizar plenamente sus fantasmagorías[1]. Huyen de esta piedra, y se van lejos de ella.

COMENTARIOS AL CARBUNCLO

ES EL RUBÍ

Carbunclo (en español también carbunco y carbúnculo) viene del latín *carbunculus* que significa «carboncillo» o «brasa», nombre también de una gravísima epidemia que hoy se prefiere llamar ántrax (que significa lo mismo) y que se manifiesta por forúnculos de un rojo encendido que efectivamente parecen brasas. El carbunclo estaba en el efod del Sumo Sacerdote con el nombre de *norek*, pero no en los cimientos de la Jerusalén Celestial.

Plinio dedica muchísimo espacio a los carbunclos, pero reconoce que «nada es mas difícil de distinguir que estas especies»[2]. En la antigüedad, como no existían análisis químicos, no distinguían entre rubí (óxido de aluminio), espinela (óxido de aluminio y magnesio), almandino (silicato de aluminio y hierro) y piropo (silicato de aluminio y magnesio), cuatro piedras muy bellas que se parecen mucho, especialmente el rubí y la espinela, que suelen ser ligeramente más claras que los granates almandino y piropo. San Alberto Magno fue el primero en llamar *rubinus* a los rubíes actuales, unos cien años después de Santa Hildegarda, y hacia el siglo XVIII la palabra carbunclo quedó

1 Fantasmagorías: Arte de representar figuras por medio de una ilusión óptica.

2 Plinio, op.cit. 37, 92-105.

relegada por confusa y seguramente también porque evocaba la terrible epidemia del ántrax.

Ahora bien, Santa Hildegarda, que no da puntada sin hilo, precisa que el carbunclo es una piedra rara, es decir escasa. Aunque Gienger (1997) piensa que Santa Hildegarda se refería al granate llamado piropo, la verdad es que hay muchísimos granates en muchas partes del mundo, y en concreto en España se recogen a punta de pala para la industria del esmeril, luego ni los almandinos ni los piropos pueden considerarse raros.

Ello solo nos deja dos piedras raras y escasas, y tan parecidas que algunos rubíes famosos han resultado ser espinelas, como el gran rubí del Príncipe Negro, el llamado «de Timur» con los nombres de los emperadores mongoles, o los rubíes de la corona portuguesa que también resultaron ser espinelas. Ahora bien, Santa Hildegarda nos dice que el carbunclo «luce más de noche que de día», y eso es justo lo que le pasa al rubí comparado con la espinela, pues ésta luce más de día y aquél de noche. Así que, por eliminación, el carbunclo de Santa Hildegarda es el rubí.

CARACTERÍSTICAS DEL RUBÍ

La palabra rubí viene del latín *rubeus*, que quiere decir rojo, y designa un óxido de aluminio al que los óxidos de cromo y hierro dan un color que va de la sangre de pichón al rojo violáceo de las vestiduras episcopales. Los griegos lo consideraban «reina de las piedras», y Aristóteles dice que «es rojo como la sangre más pura y por eso se llama *rubinus*; es la mejor de todas [las piedras]».

El rubí pertenece a la familia de los corindones, pero siempre se le llama rubí y no corindón. Dentro del mismo yacimiento, e incluso dentro de cada piedra, los rubíes pueden tener distintas tonalidades y el color a bandas («zonado»). Los cristales en bruto pueden ser transparentes, traslúcidos u opacos; los primeros tienen brillo vítreo y los últimos brillo graso, aunque una vez tallados, su brillo es vítreo. El índice de refracción es muy alto, 1,76-1,77, y presentan con frecuencia inclusiones que no les quitan valor, antes bien, se lo añaden porque garantizan su autenticidad. El rubí puede alojar en su interior canales, huecos y otros minerales. Las inclusiones de rutilo le dan «asterismo» en forma de hermosas estrellas brillantes de seis puntas, o el llamado efecto «ojo de gato».

Cristaliza en prismas de seis caras y al crecer, los cristales forman nuevas capas cuyo tono y estructura puede variar. Es muy duro, aunque solo 1/140 que el diamante, y su dureza 9, es distinta según la dirección. Aunque no es exfoliable, cada piedra se parte con preferencia en algunas direcciones que no pueden predecirse de antemano. Es frágil y se quiebra fácilmente y por ello debe tallarse y manejarse con cuidado. Es muy denso (densidad, 4) la raya es blanca y la fractura concoidea. Se talla como el diamante. El rubí puede ser más caro que un diamante de peso y dimensiones equivalentes.

Formación del rubí

Como los rubíes resisten a la intemperie mientras la roca madre se va deshaciendo, las aguas los bajan a los ríos que los transportan aguas abajo, donde se remansan en placeres por su gran densidad.

Según Santa Hildegarda, el carbunclo nace durante el eclipse de luna, un momento infrecuente (raro, lo llama la Santa) de especial tensión que sólo se produce en luna llena, cuando el sol, la tierra y la luna están exactamente alineados y en oposición. Al enfrentarse las atracciones respectivas del sol y de la luna, no solo provocan mareas vivas sino grandes tensiones en la corteza terrestre que levantan un metro continentes enteros, lo que facilita la formación de grietas y hendiduras y aumenta la actividad volcánica. Las rocas sufren altísimas temperaturas y presiones, se vuelven inestables y forman nuevas rocas y minerales más estables. Es universal, aunque siempre discutida, la creencia en que estas situaciones astronómicas, incluso el ciclo lunar, coinciden con alteraciones del comportamiento humano.

Procedencia de los rubíes

En España no se han mencionado rubíes, y en Europa solamente en el Tesino (Italia), donde se han extraído rubíes y zafiros. Se dice que los mejores rubíes son los birmanos; aunque en Tailandia y la India también los hay de ese tipo. Los de Ceilán (Sri Lanka) son rojo claro o rojo cereza. Los hay también en Australia, Estados Unidos y Tanzania, estos últimos de color violeta a marrón rojizo. El mayor rubí conocido pesa 400 quilates (80 gramos)

Confusiones e imitaciones del rubí

El rubí puede confundirse con la espinela, los granates almandino y piropo, la fluorita roja, el jacinto y las variedades rojas de topacio, turmalina y circón. El criterio más claro para distinguirlos es la dureza, con el riesgo inherente de dejar rayada una piedra que tal vez no sea un rubí, pero que sin duda es bella y valiosa.

Los nombres comerciales confunden. A la espinela se le suele llamar «rubí balaje», pero con luz natural, la espinela es más roja y el rubí más violáceo; y con luz artificial, el rubí es más rojo y la espinela más apagada, casi como un granate. En el comercio también llaman «rubí del Cabo» a los granates, y «rubí de Siberia» a la turmalina roja.

Por otra parte, los rubíes sintéticos son admirables, pero sin inclusiones. Hay también excelentes imitaciones en vidrio, y «dobletes», imitaciones hechas pegando dos piedras, como granate y vidrio rojo, o zafiro natural y rubí sintético.

APLICACIONES DEL CARBUNCLO

Santa Hildegarda advierte que esta piedra es temible y que debe emplearse con muchísimo cuidado («con temor y solicitud», dice). Es una advertencia severa, porque si se permitiese estar más tiempo de la cuenta sobre la piel «su energía (virtus) atravesaría todo el cuerpo y lo secaría». Por ello hay que tener muy en cuenta que el rubí debe ponerse lo justo para que cumpla su función, y retirarlo enseguida en cuanto haya mejoría o se sienta calor o un pequeño estremecimiento.

Da la impresión de que Santa Hildegarda más que prevenir contra un contacto prolongado con la piel que permita una transferencia excesiva de moléculas, lo hace contra la exposición prolongada a un haz de radiaciones penetrantes. En nuestra ignorancia actual de por qué y cómo actúan las gemas sobre el cuerpo humano es recomendable la prudencia, que desaconseja el uso prolongado de hermosas joyas con rubíes o espinelas en contacto con la piel o cerca de ella: anillos, pulseras y collares.

ENFERMEDADES QUE ALTERAN LAS SECRECIONES. FIEBRE. GOTA. (PESTE. EPIDEMIAS. DEFENSAS BAJAS. SENSIBILIDAD A LAS CORRIENTES Y LOS CAMBIOS DE TIEMPO. RADIACIONES DAÑINAS. AGOTAMIENTO. SOMNOLENCIA)

Santa Hildegarda dice que si una enfermedad altera el equilibrio endocrino (y pone los ejemplos concretos de fiebre y gota) al enfermo hay que ponerle un carbunclo en el ombligo a eso de medianoche (la medianoche real, no la de la hora oficial) y dejárselo puesto sólo hasta que el enfermo sienta que la piedra le ha calentado un poco, o sienta un pequeño estremecimiento. Entonces hay que retirársela enseguida para que no le dañe. Nótese que las condiciones de empleo del carbunco son: a) que la enfermedad ha alterado el equilibrio endocrino y el enfermo tenga fiebre o dolor; b) que haya una persona para cuidarlo; c) que se ponga a eso de medianoche; d) pero sólo hasta que el enfermo se estremezca o manifieste que la piedra le ha calentado; y e), retirárselo inmediatamente.

A renglón seguido, Santa Hildegarda afirma que de este modo, el carbunclo reprime y expulsa cualquier enfermedad del hombre. Parece que el carbunclo estimula el sistema inmunitario, y es una ayuda importante en pestes y epidemias.

Por su parte, el Dr. Strehlow (2006) añade la experiencia de que el carbunclo ayuda a restaurar las fuerzas dañadas por agotamiento o somnolencia, y por nocivas influencias meteorológicas o físicas, ya sean cambios de tiempo o corrientes de aire, o bien la exposición a las radiaciones de repetidores, radares, televisiones, ordenadores, móviles y microondas; llevando sobre sí un collar o una pulsera de rubíes, tallados o en bruto, atenta a retirarla en cuanto se sienta mejor.

Dolor de cabeza

Para combatir el dolor de cabeza en cualquiera de sus variedades, póngase al doliente un carbunclo en la coronilla durante un ratito hasta que caliente, y retírese enseguida, o antes si deja de dolerle. El Dr. Strehlow (2006) informa de dos casos:

> «Tres días después de Carnaval me vino un dolor de cabeza tan violento que tuve que meterme a pasar el día a oscuras en mi cuarto. Me envolví la cabeza y me puse un rubí en la coronilla y no pasó mucho hasta que se me pasó el dolor de cabeza. Después de mediodía los dolores desaparecieron y no volvieron en toda la semana de Carnaval».

> «Ahora tengo ya más de veinte años, y desde mi niñez he padecido fuertes migrañas con vómitos, durante las que no podía hacer nada más que estar tumbado a oscuras en mi cuarto. Ahora me sirvo de un bonito collar de rubíes que me pongo en la frente y la coronilla en cuanto se hace sentir la migraña. No pasa mucho hasta que ese lugar se pone agradablemente caliente y desaparece el dolor de cabeza [...] Tengo la sensación de que me da la fuerza que necesito para superar mi debilidad corporal»[3].

Conservante

Si el carbunclo se pone en la ropa (en la lavadora, en los cajones o en el armario) o en cualquier otra cosa, durarán más mucho tiempo y se pudrirán más difícilmente.

Ahuyenta los espíritus del aire

Como tantas otras gemas, Santa Hildegarda señala que los espíritus malignos no soportan al carbunclo y lo rehuyen: «Dondequiera que haya un carbunclo, los espíritus del aire no pueden realizar plenamente sus fantasmagorías. Huyen de esta piedra, y se van lejos de ella.»

---

3 Strehlow, op. cit., pp. 117-118

Climaterio. Menstruación. Tensión arterial. Sangre

El Dr. Strehlow, probablemente el mayor especialista vivo sobre medicina de Santa Hildegarda, añade a las recomendaciones de la Santa que el carbunclo colgado al cuello mejora la calidad y estimula la formación de sangre, regula la tensión arterial y protege contra las subidas de tensión. En su calidad de restaurador del equilibrio endocrino ayuda a regular las hormonas durante el climaterio y a reducir las molestias de la menstruación con el mismo procedimiento que para la fiebre.

Forma de la piedra

Los carbunclos -rubíes o espinelas- son muy pequeños y para aplicarlos en el ombligo o sobre la cabeza basta cualquier cristal en bruto. Para colgárselo al cuello conviene que tenga argolla. Existen unas jaulitas de plata para colgar del cuello piedras en bruto, que pueden conseguirse en tiendas de abalorios o a través de Internet; con ellas, el carbunclo no hace contacto con la piel.

15

AMATISTA

La amatista crece cuando el sol muestra su círculo casi como si estuviera coronado, lo cual hace cuando indica de antemano algún cambio en la vestidura del Señor que es la Iglesia. La amatista crece como una secreción, así que hay muchas; es cálida e ígnea y algo aérea, porque el aire es algo tibio en ese tiempo en que el sol muestra su círculo como se ha dicho.

Si alguien tiene manchas en su cara debe mojar una amatista con su saliva y hacerse rayas con ella encima de sus manchas; y también, caliente agua al fuego y sostenga la piedra encima del agua para que el sudor que sale de la piedra se mezcle con el agua, y entonces ponga la piedra en el agua y lave su cara con el agua, y si lo hace a menudo, su cara tendrá la piel suave y buen color.

Si a alguien se le está hinchando desde hace poco tiempo un bulto en alguna parte del cuerpo, moje la amatista con su saliva y toque con ella el lugar donde está y el bulto menguará y se desvanecerá.

Y donde una araña pique a alguien frote esta piedra sobre la picadura y se curará.

Además la serpiente y la víbora huyen de esta piedra y evitan el lugar en el que saben que hay amatistas.

COMENTARIOS A LA AMATISTA

ERA LA MISMA AMATISTA QUE HOY

Desde luego. La amatista, palabra que viene del griego *amethy* que quiere decir «no hidromiel», o sea *no-borracho* se llamaba en hebreo *ahlamá,* estaba en el noveno puesto en el efod del Sumo Sacerdote y también adornará los cimientos de la última puerta de la Jerusalén Celestial.

El mundo clásico ya la conocía con el mismo nombre con que Santa Hildegarda la llamó en la Edad Media y con el que seguimos llamando en Occidente a una de las piedras más conocidas y estimadas. Plinio dice que su brillo «llega al borde mismo del color del vino, es decir al violeta, pero sin llegar a morado, aunque termina arrastrando una sombra de vino» [1]. No está mal. El obispo Marbodio dice que el color propio de la amatista es el purpúreo y violáceo, lo compara poéticamente a una gota de vino o una rosa fresca, y añade con toda justicia: «Sería cara, con razón, si fuera más escasa, pero ahora se la menosprecia porque se la considera común»[2]. Y es que Santa Hildegarda ya decía que «crece como una secreción, así que hay muchas». El verdadero abaratamiento de la amatista, como el de casi todas las piedras preciosas, vino de Brasil, donde se descubrieron cristales de amatista enormes; uno de ellos pesaba ocho toneladas.

No cabe la menor duda de que la gema que hoy llamamos amatista es la misma que dice Santa Hildegarda. Es una piedra que siempre se ha tenido en la más alta estima por su belleza y virtudes, aunque ya nadie envíe miles de trabajadores a las minas de los Urales a sacar amatistas como hacía Catalina de Rusia.

CARACTERÍSTICAS DE LA AMATISTA

La amatista es un cuarzo cristalino transparente y de color violeta; es la gema más estimada de la familia del cuarzo, sus inclusiones de man-

---

1 Plinio: op.cit., cap. 37, 121 ss.

2 Marbodio: Lapidario (Véase bibliografía)., cap. XVI.

ganeso y de hierro son las que le dan color. Los cristales de amatistas van siendo cada vez más violáceos hacia la punta del cristal; pero también hay variedades más rojizas o de un pálido color rojo violáceo. Su brillo es vítreo, y el índice de refracción 1,544 a 1,553, y según el ángulo que se mire puede verse gris violeta, azulada o rojiza. La birrefringencia es de 0,009, y tiene una débil fluorescencia verdosa. Algunas amatistas pierden color a la luz del día. Su dureza es 7 y la densidad, 2, 63 a 2,65. Raya blanca, muy frágil y de fractura concoidea. Se presenta en manojos de prismas de seis caras cortos y con punta, o en masas sin cristalizar exteriormente, «cuarzo amatista», que presentan bandas o rayas. Los mejores cristales se tallan y los demás se dedican a abalorios.

FORMACIÓN DE LA AMATISTA

En el estado actual de nuestros conocimientos creemos saber que las amatistas nacieron de una *sopa* de ácido silícico relativamente fría, a menos de 250 grados, que se enfrió en las oquedades de las rocas volcánicas, formando cristales en las grietas. Arrastradas por las aguas, las amatistas se hallan en placeres así como en geodas que pueden ser enormes, de aspecto esterior rudo y forma oblonga, procedentes de rocas eruptivas. Las amatistas se extraen generalmente a partir de rocas primigenias.

Santa Hildegarda dice que «es cálida e ígnea y algo aérea, porque el aire es algo tibio en ese tiempo en que el sol muestra su círculo». No sabemos qué quiso decir.

PROCEDENCIA DE LAS AMATISTAS

En palabras del ilustre geólogo D. Salvador Calderón, que publicó a principios del siglo XX el inventario de los minerales españoles, la Península Ibérica se distingue por su abundancia en amatistas, algunas reputadas desde antiguo por su hermosura, particularmente las de Cataluña y Murcia que proporcionan los mejores ejemplares y trozos para el tallado. En Europa las hubo en Müglitz (Sajonia) y Auvernia

(Francia), así como en Idar Oberstein y el valle de Ziler en los Alpes, pero todos estos yacimientos están agotados. Quedan yacimientos en Rumanía, Sicilia y los Urales, donde tienen color rojizo. Las geodas más grandes proceden de Uruguay y Rio Grande do Sul (Brasil). Las hay también en Sri Lanka, India, Madagascar, Namibia y Zambia, así como en Estados Unidos, Australia y Canadá.

Confusiones e imitaciones de la amatista

Las amatistas pueden confundirse con otras gemas de parecido color violáceo (berilo, fluorita, vidrio, corindón sintético, kunzita, espinela, topacio o turmalina) pero las drusas de cristales de amatista son inconfundibles: un erizado tapiz de puntas de cristal color violeta. A las amatistas las suelen calentar para volverlas amarillas y convertirlas en citrinos que se parezcan topacios imperiales, y también las someten a rayos X para que tomen un violeta uniforme y más intenso. También se fabrican artificialmente amatistas sintéticas.

APLICACIONES DE LA AMATISTA

Manchas en la cara. Lozanía del rostro

Santa Hildegarda da dos modos distintos de aplicar la amatista para limpiar de manchas y dar lozanía a la piel de la cara. El más sencillo es mojar una amatista con la saliva propia, y hacerse rayas con ella en las manchas de la cara.

El segundo es preparar «agua de amatista» poniendo agua al fuego y sosteniendo la piedra encima con uno de esos coladores que se utilizan para el té. Se trata de «que la piedra sude», es decir, que se formen gotas de agua en las caras de la amatista y vuelvan a caer al agua para que se mezclen con ella. Entonces se pone la piedra en el agua y se lava la cara con ella. Si se hace a menudo, la cara tendrá la piel suave y tomará buen color.

Bultos (Hematomas. Ganglios. Lobanillos. Quistes. Hinchazones. Nódulos)

Santa Hildegarda recomienda que quien tenga una hinchazón reciente en cualquier parte del cuerpo, moje la amatista con su saliva y la toque con ella, con lo que disminuirá y se desvanecerá. El Dr. Strehlow informa de los siguientes casos clínicos:

> «Me salieron en la cara manchas del tamaño de un céntimo, que mi médico diagnosticó que eran basaliomas benignos. No quise operarme, y en cambio empecé todos los días a untarme las manchas con amatista mojada en saliva y a darme un masaje de pomada de violeta. Al cabo de dos semanas todas las manchas habían desaparecido por sí solas y ya no necesité que me operaran».

> «En la articulación del codo tenía una bolsa de líquido del tamaño de un huevo de gallina. Los médicos querían operarme pero antes quise probar con la amatista. Mojé la piedra con mi saliva e hice rayas encima del bulto, además de darme masajes con pomada de violetas. A los tres días el bulto era mucho más pequeño, y al cabo de una semana desapareció».

> «Mi hijo de trece años tuvo doble fractura de fémur a causa de una caída de moto. Le pusieron un clavo y la fractura se curó enseguida, pero soldó tan bien que se le formó un callo del tamaño del puño que el médico quería operar. Lo descartamos y todos los días le untábamos el bulto con una amatista mojada en su saliva. A los tres meses el callo había desaparecido; por fuera ya no se notaba nada. Después que le retiraron el clavo, la pierna se le puso completamente bien con gimnasia de recuperación».

> «Esquiando me caí sobre el coxis con dolores que me hicieron perder el sentido. En cuanto pude mojé una amatista con saliva y me la puse donde me dolía, y al cabo de media hora se me habían pasado los dolores.»

Mordeduras de araña (Garrapata. Picaduras de insecto)

La amatista hace desaparecer el dolor y la hinchazón de las picaduras de insectos y las mordeduras de araña y garrapata. Para ello ha de frotarse la picadura varias veces al día con una amatista, y se curará. Las mordeduras de garrapata pueden ser peligrosas si llega a formarse en torno a ellas un gran círculo rojo, en cuyo caso ha de acudirse al médico para prevenir la infección.

> «Al recoger la colada me picó una avispa que me puso el brazo inflamado y rojo. Me froté con amatista y se paró el picor; me puse la amatista sobre la picadura y bajó el hinchazón y la rojez. Entonces me quité la amatista y reaparecieron la hinchazón y la rojez; volví a ponerla y se fueron».

Ahuyenta a las serpientes y víboras

La serpiente y la víbora huyen de esta piedra y evitan el lugar donde saben que hay amatistas.

Defensas bajas. Desintoxicación. Cáncer. Estados precancerosos. Dolores por metástasis

Aunque no tiene mucha aplicación en España, donde escasean las saunas, y más aún las saunas caseras, recogemos la recomendación que añade el Dr. Strehlow (2006) a las de Santa Hildegarda: usar agua de amatista en la sauna para fortalecer las defensas. Se prepara el agua de amatista como ya se dijo antes, haciendo condensarse vapor de agua en la amatista y volviéndolo a dejar caer sobre el agua, que es la que se deja caer sobre las piedras calientes de la sauna.

Formas de las piedras

Para frotarse con la amatista, mojada en saliva o no, puede servir cualquier cristal de amatista, o mejor aún un canto rodado de amatista pulido. Evítense las amatistas muy bonitas de intenso color violeta porque pueden estar tratadas artificialmente.

16

ÁGATA

Las ágatas nacen de cierta arena del agua que se extiende desde Oriente hasta el Sur, y es caliente e ígnea, pero también tiene más energía del aire y del agua que del fuego. Pues cuando el agua disminuye, y la arena queda allí al descubierto sin agua, enseguida cierta parte de la arena se empapa del calor del sol y la pureza del aire, de modo que la piedra comienza a brillar. Pero cuando después las aguas crecen y lo inundan, levantan la piedra de la arena y se la llevan a otras tierras.

Y si una araña o cualquier otro gusano vierte su veneno sobre una persona, pero sin entrar en su cuerpo, caliente mucho un ágata al sol o sobre un ladrillo que haya estado al fuego y póngala así caliente sobre el lugar dolorido, y la piedra sacará el veneno. Después vuelva a calentarla del mismo modo y sosténgala sobre el vapor de agua caliente, para que su sudor se mezcle con el agua, y entonces póngala un rato en el agua y luego moje un paño de lino en este agua, y cubra con este paño el lugar de su cuerpo donde le picó la araña, o donde le han vertido por encima otro veneno, y se curará.

Si alguien lleva esta piedra consigo, póngala sobre la piel desnuda para que se caliente, y la naturaleza de la piedra le hará capaz, sensato y prudente en sus palabras, porque la piedra nace del fuego, el aire y el agua. Pues así como una mala hierba puesta en la piel de alguien, a veces le hace salir una pústula o una úlcera, así también algunas piedras preciosas, puestas en la piel, le hacen sano y sensato con su virtud.

El hombre que tiene epilepsia y es lunático tenga siempre puesta un ágata en la piel, y mejorará. Pues muchas veces los hombres nacen con estas enfermedades, pero otras veces también las contraen por exceso de humores malignos y por enfermedades contagiosas.

Y el que tenga epilepsia, que ponga ágata en agua durante tres días cuando ya haya luna llena y sáquela el cuarto día y cueza el agua un poco pero sin hervirla, y consérvela así y cocine con ella todo los alimentos hasta que la luna mengüe totalmente. Ponga ágata en cualquier cosa que beba durante este tiempo, sea vino o agua, y bébala así. Hágalo así diez meses y se curará, a menos que Dios no quiera.

Pero el que esté lunático, cuando sepa que va a llegar el momento de su enfermedad, ponga tres días antes esta piedra en agua los tres días y sáquela al cuarto día, y entonces caliéntela un poco y cocine con ella todos los alimentos que coma mientras está sin juicio y ponga la piedra en todas las bebidas que beba. Hágalo así cinco meses y recuperará el juicio y la buena salud, si Dios no lo prohíbe. Pues cuando la virtud de esta piedra, suscitada al calentarse [*aquí hay daños en el manuscrito*] y no se debilita al hervir, guise sus alimentos con esta agua y las bebidas del modo como se ha dicho y así, por la virtud de sus temperamentos y en virtud de Dios, se calman los humores que le trajeron la insania.

Cada noche antes de meterse en la cama, lleve un ágata a la vista y recorra con ella su casa en forma de cruz a todo lo largo y después a todo lo ancho y los ladrones tendrán menos fuerza para realizar su voluntad, y si roban obtendrán menos provecho.

COMENTARIOS

¿ERA LA MISMA ÁGATA?

Hace ahora veintitantos siglos Teofrasto vio guijarros multicolores en un río siciliano que se llamaba algo así como «Ájate» y que pudiera ser (pero no es seguro) el actual Dirillo. Ha pasado muchísimo tiempo desde entonces, pero en todos los idiomas de Occidente seguimos utilizando la palabra «ágata» para unas piedras muy bellas cuya belleza suele estar encerrada dentro de una almendra de áspera corteza.

Sin embargo, son tantas las formas y colores de estas piedras y tan imprecisas sus clasificaciones, que es necesario preguntarse si Santa Hildegarda llamaba ágata a la misma clase de piedra que nosotros. Uno de los grandes especialistas en el lapidario de Santa Hildegarda, Michael Gienger (1997) dice que el ónice, el jaspe y el ágata que menciona la Santa entonces eran respectivamente las que ahora llamamos ágata, heliotropo y jaspe[1]; por tanto cree que la piedra que Santa Hildegarda llamaba «ágata» era la que hoy llamamos «jaspe». Trataremos de aclarar un poco la cuestión.

La piedra que ahora llamamos ágata ha sido muy estimada desde antiguo como demuestran joyas y piezas arqueológicas sumerias, chinas y egipcias. El efod del Sumo Sacerdote tenía una piedra llamada *shebó* que los traductores vierten como «ágata». En Grecia era tan apreciada que todavía recordamos el nombre de Pyrgoteles, que la trabajaba. En Roma se hacían con ágata copas, anillos, collares y broches objetos de lujo. El mundo clásico atribuía a esta piedra notables propiedades que no coinciden con las que señala Santa Hildegarda.

Simplificando mucho las cosas, actualmente llamamos calcedonias a todos los cuarzos de grano fino (es decir, de cristales microscópicos), y dentro de ellas distinguimos la «calcedonia en sentido estricto» blancuzca, grisácea o azulenca, el «jaspe» al cuarzo opaco de grano fino con manchas multicolores, y «ágata» al cuarzo microcristalino cuyo corte muestra bandas paralelas o concéntricas, o finos dibujos de línea.

No está nada claro que hace dos mil años se clasificaran así, pero en cambio es seguro que existía la misma imprecisión que en nuestros días. El obispo Marbodio, que refunde diversas fuentes, colabora a la confusión cuando nos dice que el «ágata es negra con venas blancas», es decir, lo que ahora llamos ónice.

En resumen, hay dudas. La piedra que Santa Hildegarda llamó «ágata» puede ser la misma que nosotros llamamos así, pero también pudo ser la que ahora llamamos ónice o cualquier jaspe. Por eso, nuestro consejo es probar con una, y si no funciona, seguir probando con otras, con la tranquilidad de que no va a tener efectos secundarios ni contraindicaciones.

---

1 Gienger, op. cit., Cap. XVI.

Características del ágata

El ágata es un cuarzo microcristalino y traslúcido u opaco con bandas multicolores, Puede presentarse en geodas o cantos rodados. En las geodas, un corte transversal muestra bandas paralelas o concéntricas de diversos colores. Los cantos rodados muestran en su superficie finos dibujos de todo género: mapas, árboles, musgo, paisajes, animales y ojos, pero también pueden tener un vago aspecto de pasta amasada y ligeramente amarillenta. Químicamente, el ágata es un óxido de silicio cristalizado en cristales microscópicos, invisibles a ojo desnudo, y cementados con sílice. Las trazas de hierro, manganeso y cromo le dan multitud de colores: blanco, rojo, verde, azul, marrón, amarillo o anaranjado. El brillo es vítreo, el índice de refracción 1,53 a 1,54 y la birrefringencia 0,004. Las partes coloreadas son bastante porosas, pero no así las blancas. Su dureza es de 6,5 a 7, y la densidad, 2,60 a 2,65. No se exfolia, su fractura es desigual y da raya blanca. Es más tenaz que el cuarzo, insoluble al agua y a los ácidos, y da chispa al choque con hierro.

Se presenta en nódulos de diámetro muy variable, de unos milímetros a varios metros, en rocas volcánicas. En algunos lugares hay muchas geodas, como decimos ahora, o almendras como decían los antiguos, separadas y sueltas, que una vez abiertas se revelan ágatas. En Minas Gerais los niños juegan a abrir las piedras para ver que geoda tienen dentro.Las geodas suelen tener una áspera cubierta terrosa o un aspecto exterior muy tosco. La capa exterior es dura, y si la piedra no llena completamente el interior, se forman hacia el centro cristales de roca, de cuarzo ahumado o amatistas.

Formación del ágata

Las opiniones actuales sobre la formación de las ágatas son en realidad opiniones sobre la formación de las geodas. Antes se pensaba que unas aguas muy cargadas de ácido silícico fueron llenando poco a poco los huecos de la roca madre, pero actualmente se cree que el proceso empezó al mismo tiempo que el de la roca madre.

La explicación de Santa Hildegarda de cómo nace el ágata se ajusta totalmente al concepto moderno de cómo se formó el jaspe: una arena especial de caparazones de moluscos, anegada por aguas muy cargadas de ácido silícico. Las aguas se retiran, dejan al descubierto la arena empapada de ácido silícico, y al aire y al calor del sol se forman piedras que cristalizan y relumbran. Luego las aguas las arrastran al cauce y los ríos se las llevan a otras tierras.

PROCEDENCIA DE LAS ÁGATAS

En España las hay en Hiendelaencina, Vallecas, Arévalo y, sobre todo, en Cabo de Gata (Almería), al que se supone dieron nombre, donde aparece asociada al jaspe. En Europa, había filones de ágatas estratificadas en Schlottwitz (Sajonia), donde a veces un corrimiento había fracturado el ágata inicial y había vuelto a soldar los fragmentos con sílice. El yacimiento alemán de Idar Oberstein estuvo explotado desde los romanos y hoy está agotado, pero es la sede mundial de la industria del teñido y tallado de cuarzos microcristalinos. Las ágatas de Idar Oberstein tenían bonitos colores, rosa, rojo o marrón separados por grises luminosos. A partir de 1834 empezaron a llegar a Europa grandes geodas uruguayas, con bandas de tonos grisáceos, pero susceptibles de teñido. Hay también excelentes ágatas en Chile y México, así como en India, China, Egipto, Madagascar y Tannenbaum (California).

CONFUSIONES E IMITACIONES DEL ÁGATA

El ágata es porosa y se tiñe fácilmente, como ya hacian los bizantinos. Las bandas más claras son más compactas y no admiten tinte, pero las más oscuras sí, y en conjunto la piedra gana considerablemente en belleza. Por eso hay que buscar precisamente piedras feas para tener cierta garantía de que no estén teñidas.

APLICACIONES DEL ÁGATA

PICADURAS Y MORDEDURAS SUPERFICIALES (TÓXICOS SOBRE LA PIEL)

Si un bicho pica o muerde superficialmente la piel de una persona, sin que el veneno penetre profundamente en la carne, el tratamiento de Santa Hildegarda tiene dos fases: la primera, calentar bien un ágata al sol, o encima de una teja o baldosa puesta al fuego, y poner la piedra caliente sobre el lugar dolorido para que la piedra extraiga el veneno.

La segunda parte consiste en hacer «agua de ágata», por un procedimiento parecido a los que se han dicho para otras gemas. Calentar la piedra al sol o sobre una baldosa, y después sostenerla al vapor valiéndose de un colador de té para que se le condensen gotas sobre la piedra («sude») y vuelvan a caer al agua. Sumergir después el ágata en ese agua durante un rato, mojar con ella un paño de lino, y tapar con él el lugar donde le han picado. Este procedimiento sirve también para cualquier sustancia tóxica o veneno que haya caído en la piel.

Según Gienger (1997), esta indicación para extraer de la piel un veneno superficial es realmente eficaz a condición de que se utilice jaspe (recordemos que Gienger cree que el ágata de Hildegarda es nuestro jaspe), pues su estructura porosa produce un vacío al enfriarse, los hidróxidos de hierro que contiene refuerzan el sistema inmunológico, y los silicatos ejercen una acción desintoxicante y antiinflamatoria. Siempre según Gienger, el jaspe en bruto y caliente puede utilizarse con éxito en mordeduras de araña y de hormiga, así como en picaduras de insectos, pero si llegan al torrente sanguíneo, recomienda la amatista[2].

SENSATEZ (PRUDENCIA. MIEDO A LOS EXÁMENES. FRACASO ESCOLAR. RETRASO. SOBREEXCITACIÓN. HIPERACTIVOS)

Para que una persona sea capaz, sensata, y prudente en sus palabras, el remedio ideal es llevar esta piedra en contacto directo con la piel «pues así como alguna mala hierba puesta en la piel a veces hace salir una

2 Gienger: íbidem.

pústula o una úlcera, así también algunas piedras preciosas puestas en la piel le hacen sano y sensato con su virtud». He aquí una sencilla ayuda que puede ensayarse en niños difíciles o retrasados, adolescentes en plena exasperación hormonal, problemas escolares, miedo a los exámenes, e incluso adultos anclados en perpetua inmadurez. Téngase presente que ha de llevarse sobre la piel, porque la ropa intercepta su acción. Lo difícil es convencerlos de que lo lleven.

Epiléptico lunático

Santa Hildegarda trata aquí de unos pacientes muy especiales, epilépticos pero también lunáticos, significando con esta palabra que sufren alteraciones de conducta en ciclos aproximadamente lunares, y especifica —Santa Hildegarda no dice palabra inútil— que su dolencia puede ser congénita, debida a un exceso nocivo de secreciones o transmitida por contagio. El párrafo no está totalmente claro y la última frase podría significar también que el exceso de humores podría deberse a una epidemia.

Pues bien, el remedio para estos dolientes epilépticos y lunáticos es que lleven siempre un ágata en contacto con la piel. Mejorarán, pero no habla de curación total.

Epilepsia

Inmediatamente después, Santa Hildegarda propone a quienes padecen epilepsia un tratamiento de diez meses. No trata aquí de ataques epilépticos, para los que ya antes había recomendado esmeralda (si se producían de día), o crisoprasa (si eran de noche). El tratamiento de diez meses empieza en luna llena poniendo ágata en agua durante tres días; al cuarto día se saca el ágata, se cuece un poco el agua sin que llegue hervir y se guarda para cocinar todo con ella hasta la luna nueva. Durante este tiempo debe poner asimismo ágata en todo lo que beba, ya sea vino o agua. «Hágalo así diez meses y se curará, a menos que Dios no quiera». La recomendación sirve también para la epilepsia de origen traumático, como se ve en el siguiente caso del Dr. Strehlow (2006):

«Un niño de diez años padecía desde los cuatro ataques de pseudoepilepsia. Tuvo el primero a raíz de una conmoción cerebral, y llegó a sufrirlo hasta dos veces diarias. En parte, los antiepilépticos provocaron reacciones contraproducentes y volvieron los ataques cada vez más fuertes y más frecuentes. Desde que el niño siguió la cura de ágata de Santa Hildegarda y llevó permanentemente una laja de ágata sobre la piel con una cadena de oro, no ha vuelto a tener ataques».[3]

LUNÁTICOS (CLEPTOMANÍA. SONAMBULISMO. MANÍAS. BORRACHERAS PERIÓDICAS. ADICCIONES)

Con el mismo procedimiento anterior, Santa Hildegarda prescribe cinco meses para curar a quienes la inquietud de su cuerpo avisa que se acerca el episodio periódico de trastornos de conducta que en otros tiempos hubieran calificado de «lunáticos» y que probablemente puede aplicarse también a las adicciones, manías y trastornos periódicos:

Cuando el enfermo note que se acercan sus trastornos, tres días antes ponga ágata en agua y retírela al cuarto. Después caliente este agua un poco, y haga con ella todos los alimentos que vaya a comer mientras esté sin juicio. Ponga también ágata en todas sus bebidas. Hágalo así durante cinco meses y recuperará el juicio y la buena salud, y si Dios no lo prohíbe, y por su gracia, se calmarán los humores que le trajeron la insania.

«Mi marido era cocinero, siempre usaba vino en las comidas, y así se aficionó. Tomaba mucho alcohol sobre todo en luna llena y al final se volvió un auténtico alcohólico. Nuestro matrimonio era casi insoportable porque mi marido, que me quiere, había llegado a pegarme por influencia del alcohol. Finalmente tuvimos que vender nuestro negocio y mi marido se puso a trabajar de cocinero por cuenta ajena. Su último jefe tuvo que echarlo por borracho, peligroso para sí mismo y para los demás; la verdad es que me alegró que mi marido viera que no podía seguir así. Le regalé un collar de ágata y lo lleva desde entonces; se decidió a hacer una cura de desintoxicación y al cabo de tres meses era otro hombre y daba gracias al último jefe que le había echado. Yo misma nunca hubiera

3 Strehlow, op. cit., p. 36.

tenido fuerzas para ponerle en la puerta, aunque había sido muy infeliz en estos años y a menudo había pensado en separarme de él. Ahora somos otra vez felices, vivimos contentos, y el ágata ayudó mucho a eso».

Seguridad contra ladrones

La última recomendación de este capítulo, para proteger el hogar ahuyentando a los ladrones o disminuyendo el daño que hagan, no es nada ociosa en estos tiempos. Antes de irse a la cama por la noche, recorra la casa a todo lo largo y después a todo lo ancho, en cruz, llevando un ágata a la vista. Los ladrones tendrán menos fuerzas para llevar a cabo sus propósitos, y si llegan a robar se llevarán menos.

Formas de la piedra

Para poner ágata en agua es mejor un canto rodado que una laja o colgante con argolla metálica. En cambio para llevarla permanentemente sobre la piel necesitará un canto rodado o laja no muy grande con argolla.

17

DIAMANTE

El diamante es caliente y nace de ciertas montañas de las costas meridionales que son casi de gel y como ciertos cristales de vidrio, y a veces cierto estampido, casi un latido, origina gran fortaleza en el gel. Y como es tan fuerte y tan duro, antes que se haga más grande se abre el mismo gel del monte cerca de donde está, y así cae al agua con la forma y el tamaño de un crisol; y después el gel en aquel lugar es más débil que antes. Y después, cuando surge una inundación de aguas, los ríos llevan la piedra a otras tierras.

Hay ciertos hombres que son malévolos por naturaleza o por el diablo, que están callados de buena gana pero que cuando hablan tienen mirada áspera, y a veces casi se les va la mente como si los llevara a la locura, aunque enseguida vuelven en sí. Pónganse a menudo un diamante en la boca, o incluso siempre, porque la virtud de esta piedra es tan grande y tan fuerte que extingue la malignidad y lo malo que hay en ellos.

Quien está furioso, o es mentiroso o colérico, debe tener siempre un diamante en su boca, y la fuerza de esta piedra, le apartará estos males.

Y quien no puede ayunar, ponga esta piedra en su boca y el hambre disminuirá así que podrá ayunar mucho más tiempo.

Quien esté inmovilizado por la gota o tenga hemiplejia, que es la enfermedad que inmoviliza la mitad del cuerpo de modo que no puede moverse, ponga un diamante en vino o en agua durante todo un día y bébase lo de arriba y la gota cesará, incluso si es tan fuerte que amenazara romper sus miembros; y también disminuirá la hemiplejia.

Asimismo, el que tenga ictericia ponga esta piedra en vino o agua, beba lo de arriba y se curará.

El diamante es de tan gran dureza que ninguna dureza puede vencerle, y ataca y perfora hasta el hierro. Ni el hierro ni el acero pueden rayar su dureza. Es tan fuerte que ni cede ni se quiebra haciendo incisiones en el acero.

El diablo está enemistado con esta piedra porque esta piedra resiste a su poder, por lo cual la desdeña tanto de noche como de día.

COMENTARIOS AL DIAMANTE

NO CABE DUDA: EL DIAMANTE ES EL MISMO

Santa Hildegarda caracteriza tan bien al diamante que no cabe la menor duda de que habla de la misma piedra que conocemos con este nombre. Por un lado nos dice que tiene la máxima dureza, algo inconfundible, y por otro nos describe su nacimiento a partir de cierto gel orgánico que sufre un estampido —elevadísima presión y temperatura—, y que una vez cristalizado el agua se lleva a tierras lejanas; justo lo que dicen nuestros conocimientos actuales sobre la formación de los diamantes. Cómo pudo saberlo esta mujer iletrada del siglo XII es otro misterio inexplicable para agnósticos.

El diamante, del griego *adamantos* que significa «invencible», todavía lleva más o menos este nombre en todas las lenguas occidentales. Pudo estar en el efod del Sumo Sacerdote, pues aunque la Vulgata tradujo *yahalom* por «jaspe», los traductores posteriores la vertieron por «diamante», pero no estará en los cimientos de la Jerusalén Celestial. Plinio dice que es tan duro (lo cual es cierto), que no puede quebrarse (y en eso se equivoca, pues la dureza nada tiene que ver con la fragilidad). Dice también que quita fuerza a los imanes y habla de seis clases de diamantes, de tamaños entre avellana y semilla de pepino. Marbodio dice lo mismo, pero en verso[1], y nuestro Alfonso X añade cosas razonables junto con otras que no lo son en absoluto, todo lo

[1] Plinio, op. cit., 37, XV, IV y ss.; Marbodio, op. cit.I,

cual pone una vez más de manifiesto la diferencia que hay entre las sobrias y exactas afirmaciones de Santa Hildegarda y las fantasías de los lapidarios antiguos, medievales y modernos.

Características del diamante

El diamante es carbono puro cristalizado. Químicamente tiene la misma composición que el grafito de los lápices por lo que se puede afilar con sacapuntas. La diferencia está en los enlaces atómicos que forman su red cristalina, pues en el diamante, cada átomo está fuertemente enlazado con otros cuatro y forma una estructura impenetrable. Que una piedra de peso atómico tan leve y con tan poca cantidad de materia sea tan dura y perfore a todas las demás piedras naturales o artificiales es otro prodigio de la Naturaleza.

Los diamantes pueden ser transparentes u opacos y los mejores son incoloros. La mayoría están naturalmente teñidos de gris, azul, verde, marrón o negro por pequeñas trazas de silicio, alumino, titanio, cromo, magnesio o hierro. Para joyería solo sirven los transparentes o de colores muy suaves, el resto se utiliza en la industria. Los más valorados, buscados y raros son los diamantes rojos. El diamante, cuyo índice de refracción es 2,42, tiene un brillo extremadamente intenso al que se da el nombre de «adamantino» o «diamantino». Con luz ultravioleta, los diamantes dan fluorescencia azul, rosada, amarilla o verde.

El diamante es insoluble en ácidos y bases, y se limpia con agua o con ácidos diluidos. Cristaliza en el sistema cúbico en forma de tetraedro, cubo, octaedro, dodecaedro o incluso poliedro de 48 caras, que a veces por erosión se ponen romos durante el transporte. Su dureza, 10, es la máxima en la escala de Mohs; al diamante solo lo raya otro diamante. La raya es blanca. Es muy frágil y un golpe seco lo desmenuza. Se exfolia fácilmente según las caras del octaedro. Una sorprendente característica del diamante poco conocida y puede ser arrasadora para el propietario, es que los diamantes a veces se convierten espontáneamente en grafito.

La mayoría de los diamantes no son de calidad gema, y en bruto tienen el aspecto y el tamaño de chinitas o de pedacitos de plástico requemados y brillantes; uno podría haber pasado por encima sin enterarse. Se distinguen por su brillo y su extrema dureza. La peor calidad se llama *bort*, que son agregados granulares de color gris a negro; *balas*, que son granos pequeños y agregados fibrosos; y *carbonados*, agregados masivos de color gris a negro, porosos o de grano fino.

Formación del diamante

Según los conocimientos actuales, los diamantes no se forman en la corteza sino a bastante profundidad. Sus yacimientos primarios están en una roca primaria, que obtura la chimenea de antiguos volcanes. Los yacimientos secundarios están en los cauces fluviales antiguos próximos a volcanes, o en playas junto a sus desembocaduras, así como en depósitos de gravas y arenas procedentes de la erosión y transporte de las rocas primarias. Se cree que el diamante procede de la metamorfosis del grafito, sometido por un estampido a más de 2.000 °C de temperatura y 40.000 atmósferas de presión.

Santa Hildegarda describe adecuadamente el proceso. El gel viscoso y parecido al vidrio serían rocas metamórficas de grano grande y transparente. Un estampido las calienta y comprime este gel con gran fortaleza; es la erupción volcánica que lleva el diamante a superficie. El diamante sobrevive porque es fuerte y duro, pero muy pequeño y está envuelto en una especie de dedal que se deshace «en forma y tamaño de crisol», como dice Santa Hildegarda. La roca volcánica formada tras la erupción se queda «más débil» que la original, como también dice la Santa.

Los diamantes son generalmente muy pequeños: el más grande del mundo, el Cullinan encontrado en Sudáfrica, pesaba 620 gramos; un diamante muy conocido, como el Dresde, color verde claro, solo pesa 41 quilates, es decir, 8,2 gramos. El diamante «como una avellana» que decía Plinio era muy grande; pues un diamante de un quilate (0,2 gramos) es una gema muy cara.

Procedencia de los diamantes

En la antigüedad, los diamantes procedían de Golconda (India), minas que se agotaron hace mucho tiempo. Después se encontraron diamantes en Brasil, y en el siglo XIX se descubrió y excavó el Gran Agujero de Kimberley. Anualmente extraen decenas de miles de toneladas de diamantes en Transvaal, Rusia (Agujero Mir y en Yakustk), Australia, Indonesia, Venezuela, Ghana, Angola, Sierra Leona y últimamente también, dentro del Círculo Polar Ártico.

Confusiones e imitaciones del diamante

El diamante puede confundirse con moissenita (carburo de silicio). Las bellísimas circonitas (cristales artificiales elaborados con circón) tienen el brillo y el fuego —e incluso más— de los mejores diamantes. Pero que se sepa, hasta ahora nadie fabrica diamantes feos y en bruto.

APLICACIONES

Silencios malignos. Brotes de locura

El diamante es tan fuerte y tiene tanta energía que extingue la malignidad que pueda haber en determinados seres humanos en los que el silencio no presagia nada bueno. Dice Santa Hildegarda que algunas personas, malévolas por naturaleza o por influjo del diablo, prefieren permanecer en silencio pero cuando hablan miran ásperamente y a veces casi se les va la cabeza como si perdieran el juicio, aunque enseguida vuelven en sí. Si el afectado se pone con frecuencia un diamante en su boca, e incluso lo lleva en ella permanentemente, la energía del diamante puede orillar estos bloqueos mentales y estimular pensamientos positivos.

Furia. Ira. Mentirosos

El mismo procedimiento anterior sirve también para furiosos, mentirosos o coléricos, porque «la fuerza de esta piedra apartará de sí estos males».

Ayuno (Dieta. Alcoholismo. Tabaquismo. Drogadicción. Bulimia. Hambre del diabético)

Dice Santa Hildegarda: «Quien no sea capaz de ayunar, ponga esta piedra en su boca y el hambre le disminuirá, de modo que podrá ayunar mucho más tiempo», para lo cual es recomendable llevar el diamante sujeto en un anillo o en un colgante para no tragárselo. Cuenta el Dr. Strehlow (2006) que fue objeto de burlas por aplicar este remedio a diabéticos seniles, pero que simplemente con el método del diamante en la boca y una dieta de espelta logró reducirles hasta el 50% la dosis de insulina, como en el siguiente caso:

> «Soy enfermera y padezco sobrepeso porque en situaciones de estrés tiendo a comer demasiado sobre todo por la noche. Me ayuda a controlar mi peso un diamante que llevo colgado al cuello y que me pongo a menudo en la boca, con lo que consigo frenar mi apetito y reducir peso»[2].

Hemiplejia. Inmovilizados por la gota. (Prevención del infarto y recuperación de las secuelas)

Santa Hildegarda recomienda preparar «agua de diamante»: «Quien esté inmovilizado por la gota o sufra hemiplejia, que es la enfermedad que inmoviliza la mitad del cuerpo, ponga un diamante en vino o en agua durante todo un día y beba el líquido de la parte superior y la gota cesará, incluso si es tan fuerte que amenazaba romper sus miembros; también disminuirá la hemiplejia». Ponga en un recipiente la cantidad de agua que necesite al día para beber y guisar, y métale dentro un diamante en bruto o un anillo de diamante. Ésta será el agua que utilizará para beber y cocinar, rellenándola siempre.

> «La noche del 19 de septiembre de hace tres años sufrí un infarto, tras el cual me quedó paralizada la mitad derecha de la cara y no podía abrir el ojo derecho. Tenía insensible brazo y pierna derechos. Durante las dos semanas que estuve en el hospital me daban diariamente 14 pastillas, pe-

---

2 Estos casos clínicos están tomados de Strehlow, op. cit., pp. 81-82.

ro al segundo día de estar allí, mi mujer me empezó a traer diariamente medio litro de agua de diamante. Además tomaba diariamente dos a cuatro pastillas de galanga, y me masajeaba la cara con pomada de tomillo. Pronto pude dejar de tomar las pastillas que me daban en el hospital. Cuando me dieron el alta a las dos semanas, ya tenía sensibilidad en el brazo y pierna derechos, y podía abrir a medias el ojo derecho. Los médicos estaban muy sorprendidos por mi rápido restablecimiento. Por lo demás, yo solo me trataba con el agua de diamante y los remedios hildegardianos. En diciembre o sea, tres meses después, ya no tenía más molestias, y ahora a los tres años sigo sin ellas. Desde entonces tomo preventivamente galanga y agua de diamante».

El tratamiento con agua de diamante acelera la recuperación de muchos pacientes de infarto, incluso en casos graves en que los médicos veían poca esperanza y habían pronosticado graves secuelas para los pacientes.

«Estaba en la Policía Criminal y en mis años de servicio he vivido crueldades terribles que me han afectado mucho al corazón. Al jubilarme me di cuenta que mi corazón no andaba bien y que los latidos eran arrítmicos. Una exploración con catéter descubrió una arterioesclerosis muy avanzada, por lo que proyectaron operarme para ponerme *bypasses*. Enseguida empecé un ayuno hildegardiano; tomaba díctamo amargo en las comidas, llevaba una laja de jaspe y bebía agua de diamante. Al cabo de cuatro meses volví al cardiólogo, que constató que las estenosis (estrechamientos) se habían corregido y que ya no era necesaria la operación. Han pasado cinco años y en todo este tiempo no he vuelto a tener problemas de corazón. Lo atribuyo a mi alimentación basada en espelta, fruta y mucha verdura, y en que diariamente uso agua de diamante para beber y cocinar.»

Ictericia

Dice Santa Hildegarda: «Asimismo, quien padezca ictericia meta esta piedra en vino o agua, y beba lo de arriba, como se ha dicho, y se curará».

Nótese que la ictericia causada por la obstrucción de la vesícula requiere tratamiento médico.

Enemiga del diablo

El diablo está enemistado con esta piedra porque se opone a su poder, por lo cual la desdeña tanto de noche como de día.

Forma de la piedra

Para hacer agua de diamante pueden utilizarse diamantes en bruto del tamaño de una china de unos 4 ó 5 milímetros, que puede costar unos 5 euros; estarán más seguros metidos en una gasa. También se puede meter en el agua un anillo de diamante, pero no una circonita. Para llevarse diamante a la boca, mejor un anillo o un colgante.

18

MAGNETITA (Piedra Imán)

La magnetita es caliente y nace de las deyecciones de ciertos gusanos venenosos que habitan en cierta arena y cierta agua, pero más en la arena que en el agua. Pues cierto gusano venenoso como una babosa que vive cerca de cierta agua y permanece en ella, a veces echa su impureza en cierto lugar de esa tierra con la que se suele forjar hierro. Y cuando lo ve otro gusano venenoso que vive cerca de ese agua, y en la misma agua, y que come tierra de la que se saca el hierro, corre ávidamente a esa impureza, vierte sobre ella su veneno, que es negro, y el veneno atraviesa la espuma con su fortaleza, de modo que la endurece [y la convierte] en piedra. Y por eso, la piedra imán tiene el color del hierro y lo atrae naturalmente, porque se ha cuajado de aquel veneno que se nutría con la tierra de la que se saca el hierro. El agua junto a la cual yace esta piedra y la inunda frecuentemente por encima, atenúa y disminuye la mayor parte del veneno que hay en ella.

Si alguien está enfurecido o atrapado de alguna forma por una fantasía, unte la piedra imán con su saliva, y con la piedra así mojada frótele la coronilla de la cabeza del furioso y luego su frente perpendicularmente, y diga:

> —Tú, mala furia, cede en virtud de aquella virtud por la cual Dios cambió en bondad para el hombre la virtud del diablo precipitado del cielo.

Y recuperará el juicio.

Pues el fuego de esta piedra es útil e inútil, porque el fuego que tiene de la tierra ferruginosa es útil, pero, en cambio, el fuego que tiene del veneno de los gusanos es inútil. Pues cuando este fuego se aviva con saliva humana sana y caliente, desaparecen los humores nocivos que trastornan el intelecto del hombre. [*Faltan algunas palabras*]

COMENTARIOS

LA MAGNETITA ES LA MISMA

La palabra «magnetita» viene del latín y del griego, o bien del gentilicio de Magnesia en Tesalia, o bien, como dice Plinio, de un tal Magnes al que en Monte Ida (Grecia) se le pegaban al suelo los clavos de su calzado y la punta de su bastón. La piedra imán no es preciosa, semipreciosa ni rara, sino muy abundante, y fea incluso cristalizada. No tiene abolengo histórico; los otros lapidarios antiguos y medievales dicen de ella alguna cosa cierta y muchas descabelladas[1]. Como su capacidad de atraer al hierro no deja lugar a dudas, tenemos la certeza de que es exactamente la misma piedra en la que pensaba Santa Hildegarda.

CARACTERÍSTICAS DE LA MAGNETITA O PIEDRA IMÁN

La magnetita es un óxido de hierro opaco y compacto, que cuando cristaliza es negro y tiene brillo metálico, y cuando no, se presenta en masas de color gris oscuro a negro hierro, con brillo graso o mate, frecuentemente erizadas con lo que parecen pelos a causa de las partículas que han atraído y magnetizado. Cristaliza en octaedros, rombododecaedros o maclas, y es precisamente su estructura cúbica, en ángulos rectos, la que permite que sus partículas puedan orientarse en la misma dirección y con ello se alineen con el campo magnético y den así a la piedra su principal característica, que es atraer el hierro y los com-

---

1 Marbodio, Lapidario, cap. XIX.

puestos llamados magnéticos precisamente por el nombre de esta piedra.

Es frágil, relativamente blanda (dureza de 6 a 6,5), muy densa (5,2), no se exfolia y su fractura es irregular. La raya es negra. Aparece en toda clase de rocas, pero también puede tener origen hidrotermal o formar grandes depósitos sedimentarios. Es uno de los principales minerales de hierro.

Formación de la magnetita o piedra imán

Los manuales nos dicen que el origen de la magnetita puede ser magmático, metamórfico, metasomático de contacto, hidrotermal, o más raramente en pegmatitas, sedimentario o en aluviones; lo cual es como decir que puede originarse en todo y es como decir que no se sabe exactamente cómo llega a formarse esta complicada mezcla de óxidos de hierro.

En cambio Santa Hildegarda nos sorprende una vez más al describir detalladamente el trabajo de lo que hoy llamamos «bacterias del hierro», algo que la Humanidad empezó a conocer a mediados de siglo XIX y que solo se puso de manifiesto en 1877, cuando la conducción principal de aguas de Berlín se atascó con el lodo ferruginoso (y maloliente) que producían las bacterias de diversos tipos que se comían el óxido ferroso disuelto en el agua y lo convierten en óxido férrico insoluble. Estas bacterias del hierro todavía hoy siguen revelando sorpresas : las universidades de Leeds (Reino Unido) y de Tokío están investigando la *Magnetospirillum magneticum* del agua estancada y con poco oxígeno, cuyas bacterias se alinean con el campo magnético de la Tierra para buscar oxígeno y cuando ingieren hierro, sus proteínas interactúan con él para producir diminutos cristales de magnetita. Los investigadores proyectan construir con ellas discos duros biológicos.

La explicación de Santa Hildegarda es mucho más completa y sugiere nuevas líneas de investigación, al tiempo que nos obliga a preguntarnos cómo supo aquella mujer del siglo XII que la magnetita procedía de unas bacterias, invisibles a ojo desnudo, que ingerían hierro.

Procedencia de las magnetitas

Hay piedra imán por toda España; los yacimientos más importantes están en León; los mayores cristales octaédricos proceden de San Pedro de los Montes (Toledo). En las arenas de algunas rías gallegas (Vigo, Vivero) abundan granos de magnetita. En Europa los yacimientos más importantes están en Kiruna (Suecia), Rumanía, Italia y Austria. Hay también grandes yacimientos en los Urales, Estados Unidos y la República Sudafricana.

Confusiones e imitaciones de la magnetita

La piedra imán es parecida a la ilmenita, que solo es débilmente magnética; a la jakobsita, que es muy magnética pero que da reacción de manganeso; o a la cromita que es más blanda y no es magnética. La piedra más parecida a la magnetita es la hematites, pero da raya color cereza y solo es débilmente magnética.

APLICACIONES DE LA PIEDRA IMÁN

Furia. Alucinaciones. Esquizofrenia. Obsesiones. Fanáticos. Sectarios

Dice Santa Hildegarda: «Si un hombre está enfurecido o atrapado de alguna forma por alguna fantasía, unte la piedra imán con su saliva, y con la piedra así mojada frote la coronilla de la cabeza del furioso y luego su frente perpendicularmente, y diga:

> —Tú, mala furia, cede en virtud de aquella virtud por la cual Dios cambió en bondad para el hombre la virtud del diablo precipitado del cielo.

Y recuperará su sensatez».

Nótese que Santa Hildegarda advierte que esta piedra tiene algo dañino que la saliva elimina; y es que, efectivamente, la saliva contiene defensas enérgicas y es un gran antiséptico. Según Gienger (1997), basta frotar unos 10 ó 12 minutos al día.

Forma de la piedra

Vale cualquier trozo de magnetita, del campo o de tienda de coleccionistas.

19

LIGURIO

El ligurio es caliente. Nace de cierta orina de lince, pero no de todas las orinas de lince. Pues el lince no es un animal lascivo, libidinoso ni sucio, sino templado. Y la virtud del lince es tan fuerte que también penetra las piedras, por lo que tiene vista aguda que no se le nubla fácilmente. Y esta piedra, el ligurio, no siempre nace de su orina, sino solo cuando el sol arde mucho y hay una brisa blanda, ligera y bien templada. Pues entonces a veces este animal se alegra del calor y la pureza del sol y de la limpia suavidad del aire, y entonces quiere orinar; escarba la tierra con la pata y orina en el hoyo, y así con el ardor del sol cuaja y crece el ligurio.

Pues la pureza del sol y la brisa suave que tocando a este animal inundó de alegría su alma, calentó la gran fuerza que tiene en él esta orina, y cuando la emitió cuajó en esta piedra, de modo que al cuajar formó en la tierra una piedra hermosa más tierna que las demás piedras.

A quien le duela mucho el estómago ponga el ligurio un rato en vino, cerveza o agua y después sáquelo y el líquido se impregnará de la fuerza de esta piedra, de forma que con ella recibirá sus energías. Hágalo así quince días y déle un poco a beber con la comida, pero no en ayunas, y excepto si es mortal, no habrá en su estómago enfermedad ni fiebre tan fuerte, excepto la muerte inminente, que este agua no purgue, purifique y sane su estómago.

Pero ningún otro hombre beba esta poción por ningún motivo sino contra el dolor de estómago, pues no podría vivir, porque la fortaleza de la poción es tanta que dañaría su corazón y dividiría su cabeza escindiéndola.

Pero a quien está constreñido por la dificultad de orinar, de modo que no logra hacer salir la orina, ponga ligurio durante un día en leche de vaca o de oveja, pero no en leche de cabra, y sáquelo al día siguiente; caliente la leche y sórbala así. Hágalo cinco días, y se le disolverá la orina.

COMENTARIOS AL LIGURIO

EL LIGURIO NO SE SABE QUÉ PIEDRA ES

Aquí, en el capítulo del ligurio, la Luz Viva habló a Santa Hildegarda de una piedra sobre la que se ha escrito mucho pero que nadie conoce realmente. No está en ninguna colección ni museo, y todo lo más se ha supuesto que fuera otro nombre del ámbar, aunque esto ya lo descartó Plinio hace veinte siglos[1].

Sin embargo, en la Antigüedad se hablaba del ligurio como de una piedra real con características propias. El mismo Plinio menciona, aunque con evidente disgusto, las dos opiniones que prevalecían entonces sobre él: «Quien no dice que es como una especie de ámbar, [...] asegura que es el producto de la orina del lince y de una especie de tierra, y que luego de expulsar la orina, la tapa celoso de que los hombres la utilicen. Para mí que, viendo los detalles, todo esto es una fábula, y creo que en nuestro tiempo nunca hubo piedra con ese nombre»[2], decía el escéptico almirante.

En resumen, lo que dice Santa Hildegarda es que en algunos momentos excepcionalmente bonancibles, de sol ardiente y brisa templada, hay linces que escarban la tierra con la pata y orinan en el hoyo, y entonces cuaja el ligurio. En tal caso, el ligurio podría ser algún tipo de cristal, un urato u oxalato, o bien un silicato catalizado por la orina caliente de ese lince en el suelo removido por la pata del animal.

Ahora bien, el lince es un animal singularmente esquivo y en peligro de extinción, y seguir de cerca sus andanzas no es vigilar a un gato

1 Plinio dice (37, XI) que el ámbar es resina fósil y describe estupendamente de dónde procede. El *lyncurio, ibidem,* 37, XIII.

2 Plinio, op. cit., 37, XI, 4 y 5.

doméstico. Santa Hildegarda precisa que el ligurio no nace cualquier día en cualquier sitio de la meada de cualquier lince, así que no es extraño que no lo haya visto nadie. Peor aún, es probable que si alguien lo hubiera visto, no hubiera sabido qué cosa es; y la perspectiva de que alguien vea nacer un ligurio es más bien remota.

Si creemos que las obras de Santa Hildegarda han sido reveladas para enseñarnos la utilidad de las cosas creadas y darnos conocimientos que experimentalmente solo podríamos adquirir difícilmente, podría ser que el desconocido ligurio existiese y tuviese otro nombre. Por tanto habría que averiguar cuál podría ser el ligurio, y buscarlo entre las piedras preciosas (bonitas, dice Santa Hildegarda) y más blandas que las demás que se dan allí donde hay linces, hace buen tiempo y a veces mucho sol: tal vez en el área de Génova, que es la antigua Liguria. Estamos lejos de haber penetrado todos los misterios de la Naturaleza y todavía caben sorpresas.

APLICACIONES DEL LIGURIO

Santa Hildegarda describe dos utilidades para el ligurio: un gran dolor de estómago y retención de orina; que no son muchas pero sí lo suficientemente graves como para lamentar que no sepamos qué piedra es.

DOLOR DE ESTÓMAGO

El hombre a quien le duele mucho el estómago ponga un rato el ligurio en vino, cerveza o agua. Después sáquelo porque el líquido se habrá impregnado con la virtud de esta piedra y con eso recibirá su energía. Hágalo así quince días, dándosela de beber al enfermo con la comida, pero no en ayunas. La piedra purgará, limpiará y sanará su estómago de toda enfermedad o fiebre, excepto si su muerte es inminente.

Nadie más que el enfermo debería beber de esta agua, excepto por dolor de estómago, porque esta bebida es tan fuerte que dañaría su corazón y le provocaría esquizofrenia («dividiría su cabeza escindiéndola»).

Dificultades para orinar

Quien sufra dificultades para orinar y no pueda hacerlo, ponga ligurio durante un día en leche de vaca o de oveja (pero no de cabra). Al día siguiente sáquelo, caliente la leche, y sórbala así. Haga esto cinco días, y se le disolverá la orina.

20

CRISTAL DE ROCA

El cristal de roca nace de ciertas aguas frías que tienen color negruzco [*aquí falta algo en el original*] aquella agua que viene del aire toca a esta agua en algún lugar, como cierta masa cuajada por el frío, y así el corazón del agua casi cuaja con fuerza. Y cuando después, el calor del aire o del sol tocan a esta misma pasta, le quitan con su ardor cierta masa espesa y blanquecina que tiene entonces, de modo que la hace algo más pura, pero no pueden disolverla por el calor. Pero después vuelve a venir el frío sobre ella y hace cuajar la masa cada vez más y la hace más pura y es tan fuerte que el calor no puede disolverla, aunque disuelva todo el hielo que tiene alrededor, y así surge el cristal de roca, que es cristal.

Y al que los ojos se le enturbian, caliente el cristal de roca al sol y póngalo muchas veces así caliente encima de sus ojos; y como es de la naturaleza del agua le sacará los malos humores del ojo y verá mejor.

Y a quien le nacen en el cuello granos[1] o escrófulas, caliente esta piedra al sol, y apriétele asi caliente atándola sobre el grano o la escrófula durante el día o la noche. Hágalo con frecuencia y desaparecerán.

Y al que le crece o se le inflama un bulto[2] en la garganta, caliente el cristal de roca al sol y viértale vino por encima, y bébalo con frecuencia; y ponga también a menudo el cristal calentado al sol sobre el bulto de su garganta, y disminuirá.

---

1 *drussae*, latín, ¿granos?

2 *hubo, hubin*, formas alemanas antiguas de *Hub*, bulto.

Pero al que le duele el corazón, el estómago, o el vientre, caliente cristal de roca al sol, vierta agua sobre él, y luego póngalo un rato en esa misma agua. Después sáquelo y bébala así frecuentemente y mejorará su corazón, estómago o vientre.

Y quien esté atormentado por una urticaria[3], caliente esta piedra al sol y póngala caliente donde le duela, y desaparecerá el picor.

COMENTARIOS AL CRISTAL DE ROCA

Es el mismo cristal de roca

Entre las gemas, el cristal de roca es realmente único por su transparencia, su abundancia y su tamaño. Es uno de los cristales más bellos, grandes y abundantes del planeta, y además, absolutamente inconfundible. No figura en el efod ni en la Jerusalén Celestial, y la literatura grecolatina recoge sobre él toda clase de leyendas, pero no hay la menor duda de que la piedra que el texto de Santa hildegarda llama *chrystallus* es la misma que hoy llamamos cristal de roca.

Características del cristal de roca

El cristal de roca es un óxido de silicio transparente, que cristaliza en prismas hexagonales, aunque también se presenta en forma de guijarros pulidos o fragmentos de cristales. Es la piedra más clara y transparente de la gran familia del cuarzo. Tiene brillo vítreo, índice de refracción de 1,544 a 1,545 y birrefringencia de 0,009. Tiene cierta luminiscencia amarilla, anaranjada o verdosa. Su dureza es 7. Da raya blanca y es frágil, no se exfolia y su fractura es concoidea o irregular. No se funde pero crepita. Los cristales, solos o agregados, se presentan prácticamente en cualquier tipo de terreno.

---

3 *nesselden, nessia*; *Nessel* es la palabra alemana para la latina *urtica*.

Formación del cristal de roca

La lectura rápida del primer párrafo de este capítulo evoca inevitablemente la creencia clásica que identificaba al cristal de roca con el hielo; de hecho «cristal» viene del griego *chrystallos*, hielo. Pero esta primera impresión queda descartada al comprobar que el texto únicamente menciona una vez el hielo (*glacies*), y precisamente para dejar bien claro al final que el *chrystallus* no es hielo.

Y entonces se cae en la cuenta lo que este texto latino del siglo XII, sin usar palabras tales como «sobresaturada» o «precipitación», nos está explicando cómo se forman cristales de cuarzo a partir de una solución sobresaturada (las «aguas frías de color gris oscuro») al enfriarse. A pesar de que el texto está incompleto, lo que se nos dice aquí es el proceso de formación de los cristales como si estuviésemos en un laboratorio: una solución que se ha sobresaturado a una temperatura superior a la normal, y que por tanto tenía mayor solubilidad, empieza a enfriarse en reposo en ambiente límpido y calmo, y al hacerlo, el soluto sobreabundante se separa del disolvente, precipita y forma un gel. Los cambios de temperatura sucesivos provocan que, primero, el calor arranque «cierta masa espesa y blanquecina». Después el frío cuaja, hace crecer y limpia los cristales, y finalmente, el calor desprende el hielo que los cubre.

Procedencia de los cristales de roca

Hay cristales por toda la Península, pero los filones de cristales grandes están en Zamora, Cáceres y la Sierra de Guadarrama, en la gran «ese» que forma en el mapa la España Silícea, pero no solo en ella. El Manzanares era famoso por los «diamantes del Manzanares», guijarros transparentes de cristal de roca que se hallaban en sus márgenes.

Cristales de roca los hay casi en todas partes y a veces son enormes: en Zinngenstock (Alpes suizos) se encontraron cristales de 400 a 800 kilos de peso y en Madagascar se halló uno de 30 metros de perímetro.

Confusiones e imitaciones del cristal de roca

El cristal de roca puede confundirse con vidrio artificial transparente o con otras gemas incoloras como el apatito, que es más denso y blando; el topacio, que es más denso y duro; y la rara fenacita, que es más densa y dura. Los cristales de roca son inconfundibles: prismas de seis caras terminados en punta, rara vez en dos, que suelen presentar entalladuras en alguna de sus caras; y no vale la pena imitarlos porque hay demasiado. En cambio, en algunos lugares los someten a radiación para que se «ahumen» y con ellos también se han imitado diamantes. La industria de los detergentes en polvo consume al año, entre otras piedras silíceas, miles de toneladas de hermosos cristales.

APLICACIONES DEL CRISTAL DE ROCA

Santa Hildegarda aplica el cristal de roca a dolencias de la vista, cuello y garganta, corazón, estómago o vientre, así como a picores. Por su parte, el Dr. Strehlow (2006) afirma que el cristal de roca regula el funcionamiento hormonal y el sistema nervioso vegetativo.

Vista cansada. Vista débil. Cataratas

Dice Santa Hildegarda: «Si la vista se enturbia, caliente cristal de roca al sol y póngalo así caliente unos minutos encima de sus ojos. Repítalo muchas veces, y verá mejor».

Cuello (Forúnculos. Escrofulosis. Paperas)

En las enfermedades infecciosas, los ganglios linfáticos del cuello pueden inflamarse mucho, sobre todo en los niños. El cristal de roca puede ayudar a que baje la hinchazón, así como a reducir los granos o escrófulas en el cuello. El procedimiento es calentar el cristal al sol y ya caliente sujetarlo firmemente sobre el grano o la escrófula de día o de noche. Hágase con frecuencia y desaparecerán.

> «Tengo 34 años, y hace ya cinco que tengo las paperas hinchadas. Me ensanchó el cuello hasta medir 39 cm; pensaba operarme para complementar una terapia de yodo y hormonas tiroideas. Entonces me decidí a hacerme una sangría hildegardiana, tomé elixir de helecho[4] y me puse un cristal de roca. Al cabo de seis meses mi cuello medía 34 cm y ya no era necesario operarme».

Garganta (Tiroides. Hipertiroidismo. Bocio. Hipotiroidismo. Nódulos fríos. Anginas)

Si crece o se inflama un bulto en la zona de la garganta, caliente cristal de roca al sol y una vez caliente viértale vino por encima y bébalo con frecuencia. Póngase el cristal muchas veces en el bulto de la garganta tras calentarlo al sol, y el bulto disminuirá. Lleve también al cuello un collar o un colgante de cristal de roca tan apretado como le resulte cómodo, y verá que cada vez le queda más holgado:

> «Tengo 19 años y padezco hipertiroidismo con alteraciones del ritmo cardíaco, nerviosismo, dificultad para dormir, sudores y dolor de cabeza. Cuando me estresaba el corazón se me ponía a más de cien pulsaciones. Desde que llevo un colgante de cristal de roca, me siento mucho más equilibrado, mi corazón no se acelera y ya no tengo en el cuello la sensación de que me están estrangulando. Al mismo tiempo tomo elixir de helecho y me han hecho una sangría hildegardiana. En conjunto me va mucho mejor, y en la revisión me encontraron normal la función tiroidea y el médico aprobó que dejara la medicina del tiroides».

---

4 En alemán *Hirschzung:*Asplenium scolopendrium, Phillitis scolopendrium: helecho cervuno, helecho de sangre.

Dolor de corazón. Dolor de estómago. Dolor de vientre. (Palpitaciones. Taquicardia. Fibrilación)

Si le duele el corazón, el estómago o el vientre, ponga a calentar al sol un cristal de roca (o mejor una laja o un cristal imperfectamente transparente, para que se caliente mejor). Luego viértale agua por encima de modo que caiga en un vaso, meta también allí el cristal algo más de un cuarto de hora, y bébalo así todos los días. Si no hay sol o el sol no calienta bastante, tenga el cristal en dos litros de agua toda la noche, y al día siguiente use este agua para beber y guisar.

> «Padecía muchos dolores de vientre y calambres de cólico en la parte superior del vientre que me daban muchas preocupaciones. Finalmente me preparé un litro de vino de cristal de roca y me bebí uno o dos vasitos de licor que en unos minutos me hicieron desaparecer los dolores».

Urticaria. Picores

Si está atormentado por una urticaria, caliente cristal de roca al sol y póngala caliente donde le duela, y desaparecerá el picor.

(Afección descrita por Strehlow)

El Dr. Strehlow (2006) describe un síndrome que no menciona el texto de Santa Hildegarda, y que está caracterizado por nervios, insomnio, hipertiroidismo, palpitaciones, desvanecimientos, ansiedad, trastornos circulatorios, pérdida de tono muscular y del conocimiento. Para ello Strehlow recomienda calentar al sol varias lajas de cristal de roca, y ponérselas en el plexo solar, entre el ombligo y el esternón (por ejemplo, al tomar el sol), bebiendo al mismo tiempo el vino de cristal de roca que se ha descrito antes. El Dr. Strehlow atribuye a este procedimiento un efecto tranquilizador y equilibrador del sistema nervioso.

Forma de la piedra

Algunas de estas aplicaciones requieren calentar al sol cristal de roca, tarea nada fácil teniendo en cuenta que es transparente y no retiene la radiación más allá de la temperatura del aire. Por eso es recomendable tener más de una laja de cristal de roca no muy perfecto (con alguna inclusión para que se caliente), así como un colgante con argolla.

21

MARGARITAS

Las margaritas nacen de ciertas aguas de río que son saladas. La pringue de estos ríos cae junto con su salinidad en la arena, y con ello se purifica el agua de la parte superior, mientras que la pringue cuaja con la salinidad en margaritas, y estas margaritas están limpias.

Así pues tome estas margaritas y póngales en agua, y toda la pringue y la porquería que haya en el agua se congregará cerca de ellas, y el agua que esté por encima se purificará y se limpiará.

El hombre que tenga fiebre, beba con frecuencia el agua de encima, y mejorará.

Y a quien le duela la cabeza, caliente las margaritas al sol, y póngaselas así calientes alrededor de sus sienes, atándolas con un paño por encima, y se curará.

COMENTARIOS

¿QUÉ SON LAS MARGARITAS?

El vocablo latino *margarita* viene del griego, que a su vez parece haberlo tomado del armenio *markarit* que significa perla. Puede ser. El hecho es que al traducir este capítulo, sus (escasos) traductores y comentadores, sobre todo alemanes, han vertido el plural latino *marga-*

ritae por «perlas», algo que lingüisticamente es impecable, propio de un latín de alto nivel, ciceroniano, pero claramente incoherente con lo que dice el texto, que no habla de moluscos ni de conchas como el capítulo siguiente dedicado a *Berlin*, las perlas. En este capítulo de *Margaritae* no se habla en absoluto de conchas ni de organismos vivos, sino de concreciones de solutos (pringue + salinidad) en corrientes de agua salada. Está claro que Santa Hildegarda pensaba en otra cosa, no en ostras perlíferas.

La dificultad desaparece cuando traducimos *margaritae* por «cuentas» o «bolitas», porque entonces sí que resulta coherente con el texto, porque en las corrientes de agua salada se forman cuentas o bolitas tal como dice Santa Hildegarda: son las oolitas y las pisolitas, concreciones calcáreas o ferruginosas en torno a un grano de arena o un cristal, que encajan perfectamente en la descripción que da el texto. No cabe duda de que las margaritas de Santa Hildegarda son nuestras oolitas y pisolitas.

Características de las margaritas

En nuestro lenguaje actual, si las margaritas son como anises se llaman oolitas, si son como lentejas, se denominan caliza lenticular, y si son como guisantes, pisolitas.

Las oolitas son bolitas de menos de 2 mm de diámetro, casi esféricas, a veces brillantes, formadas por capas de calcita o ferruginosas dispuestas concéntricamente en torno a un núcleo. Crecen y se desarrollan en corrientes, canales de marea y dunas submarinas.

Las pisolitas tienen la misma estructura que las oolitas, pero son mayores y su aspecto exterior es más tosco y menos brillante que el de aquéllas.

Oolitas y pisolitas nacen sueltas, pero generalmente aparecen cementadas entre sí en el seno de otra roca, por ejemplo, mármol o caliza y han dado nombre a una era geológica, el oolítico. Químicamente son de aragonito o de calcita, dos carbonatos de calcio con distinta estructura cristalina. Dependiendo de la naturaleza de las impurezas que las integran, su color es blanco, amarillento, gris, marrón rojizo o marrón.

Formación de las margaritas

La explicación de Santa Hildegarda es impecable, más completa que las diversas conjeturas que se han formulado sobre el origen y formación de oolitas y pisolitas, y se adapta perfectamente a nuestros conocimientos actuales, que suponen que se forman en poco tiempo por la atracción electrica de los granos de arena sobre las partículas en suspensión, sin que intervenga ningún organismo vivo. Este último detalle es importante porque a primera vista, las oolitas sugieren la freza, un conjunto fosilizado de huevos de animal acuático. Atribuirles otro origen como hace Santa Hildegarda exigiría conocer profundamente la cuestión.

Tal como dice el texto, el agua queda más clara después que se precipitan la caliza o el óxido ferroso. Sabiendo que el aragonito se forma en aguas más bien calientes a temperaturas superiores a 29 °C, y la calcita en aguas más bien frías a menos de 29 °C, puede estimarse a qué temperatura se formaron.

Procedencia de las margaritas

En España hay caliza oolítica en Alustante (Guadalajara). Las canteras de mármol de Monóvar (Alicante) son también oolíticas. En Cabo de Gata (Almería), las llamadas «dunas fósiles» de la costa son oolitas cementadas y muy erosionadas. En Sierra Espuña hay un filón de oolitas ferruginosas de 5 m de espesor. En la mina «Magdalena» de Udías (Cantabria) las oolitas están sueltas y tienen un bonito brillo.

APLICACIONES DE LAS MARGARITAS

Depuración de agua

Dice Santa Hildegarda: «Toma estas margaritas, póngalas en agua, y toda la pringue y la porquería que haya en el agua se congregará cerca de ellas y el agua que esté por encima se purificará y se limpiará. Las oolitas se utilizan para fondo de acuarios por su capacidad purificadora, como dice Santa Hildegarda.

Fiebre

El agua depurada por las margaritas es febrífuga: «Quien tenga fiebre y beba con frecuencia del agua de encima de las margaritas, mejorará».

Dolor de cabeza

Finalmente, el texto dice que pueden utilizarse contra el dolor de cabeza: «Caliéntelas al sol, y póngaselas calientes alrededor de sus sienes sujetándolas con un paño, y se curará».

22

PERLAS

Las perlas nacen de ciertas conchas de animales, esto es, de animales que yacen en conchas y que residen en el mar y en ciertos ríos grandes.

Pues algunos animales de éstos de concha van cerca del fondo de estos ríos y buscan allí su pasto e ingieren suciedad de la que hay en el fondo, y cuando la escupen, cuajan con su veneno algunas perlas que nacen así y que son algo turbias, porque estos animales van a pacer cerca del fondo de las aguas y casi no hay utilidad en ellos.

Pero otros animales de éstos de concha acostumbran a pacer en la parte media de los ríos donde las aguas son puras, y allí estos animales ingieren menos suciedad pero también tienen dentro algo de veneno. Y por ello también las perlas que nacen de las aguas que contienen estos animales, y del veneno que escupen, se ponen lúcidas, pues allí en medio del río hay cierta pureza de las aguas. Pero tampoco hay en ellas casi nada útil para medicina, sino solo que son mucho más brillantes y tienen menos veneno que las demás.

En cambio, ciertos animales de éstos de concha van a pacer cerca de la superficie de los ríos, donde fluye mucha espuma y suciedad de las aguas, y con las espumas y la suciedad de la superficie del agua y el veneno de estos animales cuajan ciertas perlas que también son un poco turbias, puesto que nacen de la espuma y de la suciedad recogida, y no valen para nada en medicina porque aportan al hombre más enfermedad que salud.

Pues si un hombre se las pone en la boca, se atrae tal debilidad y estaría tan enfermo como si hubiera consumido un veneno; y si las pone en su piel y su carne se calienta con ellas, metería su veneno en él y de esta manera, se pondría débil y enfermo.

COMENTARIOS A LAS PERLAS

SON LAS MISMAS PERLAS QUE HOY

La palabra *berlin* que utiliza el texto, y que más adelante cuajó en el nombre de la capital alemana, era seguramente la forma que se utilizaba en el latín vulgar de Germania para la palabra *perula*, también vulgar, se supone que corrupción de *sphaerula* (bolita), y que dio finalmente perla, la palabra que con pocas diferencias utilizan todas las lenguas occidentales.

Podemos tener la seguridad de que las *berlin* de las que habla el texto son lo que ahora llamamos «perlas naturales», pero no las perlas artificiales ni las cultivadas, que entonces no se conocían.

CARACTERÍSTICAS DE LAS PERLAS

Las perlas naturales son aproximadamente esféricas pero no esferas perfectas con un diámetro entre unos milímetros y un centímetro, y cierta variedad de formas. Su color varía del gris perla al negro, con un característico brillo nacarado y un «oriente» (fuego) debido a la refracción de las capas sucesivas. Su dureza es variable (2,5 a 4,5) y muy inferior a las piedras preciosas, pero en cambio son muy resistentes al golpe. La densidad es relativamente baja, y mayor cuanto más pequeña sea la perla (2,68 a 2,65, respectivamente). Las perlas están formadas de aragonito, que es un carbonato de calcio que tiene del 4 al 13 % de conchina (que son depósitos orgánicos complejos) y el 3 al 4 % de agua. La conchina es la que hace que el aragonito cristalice alrededor del cuerpo extraño. Las perlas son vulnerables incluso a los ácidos más suaves, como el vinagre.

FORMACIÓN DE LAS PERLAS

Las perlas se forman en el interior de las ostras perlíferas llamadas «pintadinas» (género *pinctada*), o bien de ostras o almejas comestibles, que reaccionan así a la presencia en su interior de un cuerpo extraño, muchas veces un gusano que les irrita la mucosa. Se produce una inflamación local y el molusco segrega sustancias calcáreas, entre ellas nácar, que aíslan el cuerpo extraño y lo recubren con capas sucesivas. El texto de Santa Hildegarda describe muy bien que la perla es consecuencia natural de la alimentación de la ostra, la cual, como la mayoría de los moluscos, es un verdadero filtro de la basura del agua. En época de Santa Hildegarda se suponía que las perlas eran huevecillos o gotas de rocío.

PROCEDENCIA DE LAS PERLAS

En Europa criaban perlas algunos ríos de Sajonia, Bohemia (Chequia), Rusia, Inglaterra y Francia. No tenemos noticias de ríos perlíferos en España, donde en cambio tenemos la justamente famosa producción artificial de perlas *Majorica.*

En el pasado las perlas se distinguían por su origen: las rosadas venían de Ceilán, que es el criadero de perlas más antiguo de la Humanidad; las de color cremoso, del golfo Pérsico; las birmanas, entre blancas y rosa pálido; las japonesas, de crema a verdes; las australianas, de verdosas a azules; y de México, marrones y negras.

PRECAUCIONES CON LAS PERLAS

A lo largo de este libro solo rara vez advierte Santa Hildegarda de algún peligro derivado de las piedras preciosas, pero en este capítulo no solo no reconoce ninguna virtud a las perlas, sino que avisa con toda claridad que prácticamente todas son venenosas. Por eso, quien utilice perlas naturales o cultivadas, que no se le ocurra metérselas en la boca y que procure que sean lo más brillantes y luminosas que pueda. En materia de salud, valen mucho más las perlas totalmente artificiales, pero muy bellas, que hacen en Mallorca con brillantes escamas.

23

CORNALINA

La cornalina es más del aire caliente que del frío y se encuentra en la arena.

Y si a alguien le sale sangre de la nariz, caliente vino, y una vez caliente ponga dentro una cornalina y déselo a beber así y la sangre dejará de salir.

COMENTARIOS

La cornalina sigue siendo la misma

La palabra cornalina tal vez venga de *corneus*, cuerno, o quizá del color del fruto del cornejo macho (*cornus mas*); pero si fuera una piedra castiza, con ese color parecido al fruto del escaramujo o rosal silvestre, *rosa canina,* la hubiéramos llamado desvergonzadamente «tapaculos». En italiano, inglés y alemán la llaman algo así como *carneola* porque tiene color de carne. La cornalina se conoce y estima desde antiguo y, según la traducción más reciente de la Biblia, estaba en el efod del Sumo Sacerdote y estará en los cimientos de la sexta puerta de la Jerusalén Celestial. Los traductores anteriores la llamaron «sardo» que, como es sabido es piedra melliza de la cornalina. Es posible que antes de Santa Hildegarda no las distinguieran bien, y de hecho Plinio comenta lo fácil que es confundirlas[1]. Pero Santa Hildegarda las distingue estupendamente pues le dedica dos capítulos diferentes, el 7 y el 23, y habla de modo muy distinto de su utilidad respectiva. Y como en estos ocho siglos y medio que han pasado no ha habido cambios, no cabe duda de que la cornalina que decía Santa Hildegarda es la misma piedra que hoy llamamos así.

Características de la cornalina

La cornalina es un cuarzo microcristalino traslúcido, sin dibujos definidos, de color anaranjado, amarillo acaramelado, rojizo o marrón claro, que a veces tiene bandas blancas. Pertenece a la gran familia de las calcedonias y es muy parecida al sardo, del que se distingue por el matiz, que en éste es marrón y más oscuro. La cornalina tiene brillo entre vítreo y céreo; su índice de refracción es de 1,53 a 1,54 y la birrefringencia de 0,004. Químicamente es un óxido de silicio que cristaliza en cristales microscópicos con inclusiones de hematites. Su dureza es 7 y la densidad de 2,27 a 2,57. Carece de exfoliación, y la fractura es desigual y en forma de concha.

Formación de la cornalina

La cornalina se forma en pequeñas cavidades de las rocas volcánicas, a partir de ácido silícico con hierro que se solidifica. Como la cornalina es más resistente que la roca volcánica, cuando ésta se deshace por meteorización, la cornalina se queda «en la arena» como dice Santa Hildegarda, y de ahí pasa a los sacos de gravilla de construcción en los que pueden hallarse hermosas cornalinas. Al decir que «es más del aire caliente que del frío», el texto la está distinguiendo del sardo, porque la cornalina se forma a temperaturas más altas, en las que el hierro se oxida más; de ahí su vivo color anaranjado. Las cornalinas abundan en las rocas volcánicas y en las zonas de oxidación de los yacimientos de minerales.

---

[1] Plinio, op. cit., 37, 86.

Procedencia de las cornalinas

Como se ha dicho, en España no es difícil encontrar cornalina en la arena y la gravilla. Hay yacimientos en los Montes Metálicos (Alemania), Austria y Chequia, así como en Rumanía, Egipto, India, Arabia, Australia y en muchos estados de Norteamérica.

Confusiones e imitaciones de la cornalina

En la India las ponen al sol para que tengan color más rojizo. Las procedentes de Uruguay o Brasil son con frecuencia ágatas teñidas con soluciones de nitrato de hierro. Vistas al trasluz, las cornalinas auténticas muestran nubes de color, mientras que las ágatas teñidas muestran bandas.

UTULIDAD DE LA CORNALINA

Hemorragia nasal

Santa Hildegarda dice: «Si a alguien le sale sangre de la nariz, caliente vino, y una vez caliente ponga dentro cornalina y déselo a beber así, y la sangre dejará de fluir».

Forma de la piedra

Es indiferente, pero es preferible que sea de tamaño relativamente grande para que no se pierda en el vino.

24
ALABASTRO

El alabastro no tiene buen calor ni buen frío, sino que es tibio en ambas cosas, así que casi tampoco hay medicina en él.

COMENTARIOS

A este mineral se le daba el nombre de *alabastro* (el inagotable) y los antiguos elaboraban con él vasos, copas, floreros y estatuillas. El alabastro es una variedad de yeso (sulfato cálcico) blanco, amarillento o transparente, con frecuencia jaspeado, al que en la Antigüedad llamaban *ónyx* (ónice), sin distinguirlo del ágata ni del actual ónice. Tal vez sea para aclarar esta antigua confusión lo que justifique que Santa Hildegarda dedique un capítulo a este mineral, del que dice que «casi tampoco contiene medicina».

25

CALIZA

La caliza es caliente y cuando se quema, se hace cal con ella, por lo cual también es caliente. Pues cuando la piedra caliza se reduce a polvo por el fuego, aún se robustece más y con su fuego aglutina la tierra y la arena.

Pero si una persona o res comiera caliza, la fuerza de su calor lo destruiría y lo haría enfermar.

El hombre al que los gusanos le comen en alguna parte de su cuerpo, debe tomar cal y el doble de greda, y con ello y con vinagre o vino, haga como una argamasa ligera y póngala con una pluma en el lugar donde padece los gusanos; hágalo todos los días hasta el quinto día, y entonces tome áloe y una tercera parte de mirra, macháquelo todo junto, y prepare un emplasto con esto y con cera fresca. Póngale por encima un paño de cáñamo y átelo así en el lugar del dolor durante doce días. Pues como la cal es caliente y la greda fría, el calor de la cal y el frío de la greda, templados por el calor y la agudeza del vino, todo ello junto matará los gusanos. Pero el calor del áloe aumenta el de la mirra, saca la materia putrefacta de las heridas y cura ese sitio.

[La tierra que llaman greda es fría y seca y no produce muchos frutos, porque es fría y árida; pero impide la podredumbre de la lana, cuando se les pone por encima para que no se pudran. No conviene para medicina[1].]

---

1 *Cf.: PL. 1214 C: Physica, Libro II, Cap. XIII, De Crida.*

COMENTARIOS A LA CALIZA

La caliza es la misma

Tanto el nombre, que no ha variado en estos siglos, como el hecho de que quemada se convierta en cal que sirve para hacer argamasa, no permiten dudas sobre la identificación de la caliza de la que habla Santa Hildegarda.

Características de la caliza

Caliza se llama cualquier roca compuesta de carbonato cálcico formado a partir de esqueletos de animales marinos, o por sedimentos de agua dulce. Al calentar la caliza se transforma en cal viva (óxido de calcio) de color blanco más o menos grisáceo, que si se moja absorbe agua ávidamente con gran desprendimiento de calor y formación de hidróxido de calcio: la llamada cal apagada.

APLICACIONES DE LA CALIZA

Incomestible

Si una persona o animal doméstico comiera caliza, la fuerza de su calor lo destruiría y lo pondría enfermo.

Gusanos en la carne

El que tenga gusanos que le comen alguna parte de su cuerpo reúna cal y el doble de greda, y haga con ello y vinagre o vino una especie de argamasa ligera y póngala con una pluma en el lugar donde padece los gusanos. Hágalo todos los días hasta el quinto día, y entonces tome áloe y una tercera parte de mirra, macháquelo todo junto, y con esto y con cera fresca prepare un emplasto. Póngale por encima un paño de cáñamo y átelo así en el lugar del dolor durante doce días. Pues como la cal es caliente y la greda fría, el calor de la cal y el frío de la greda, templados por el calor y la agudeza del vino, todo ello junto matará los gusanos. El calor del áloe aumenta el de la mirra. Saca la materia putrefacta de las heridas y cura ese sitio.

Las heridas agusanadas, que actualmente solo aparecen en la literatura histórica, fueron en el pasado una constante de tiempos de guerra y calamidades sin antibióticos ni desinfectantes.

Conserva la lana

[La tierra que llaman greda es fría y seca y no produce muchos frutos, porque es fría y árida; pero impide la podredumbre de la lana, cuando se les pone por encima para que no se pudran. No conviene para medicina.]

26

VARIAS PIEDRAS

Varias piedras que hay en diversos lugares, tierras y regiones reúnen en sí las diversas naturalezas y colores de las tierras en que han nacido, pero no sirven mucho para medicina, como el mármol, la arenisca, la caliza, la marga, el feldespato, y otras parecidas, porque en hay ellas demasiada humedad o demasiada sequedad; porque no las templa la adecuada sequedad, o en las que su demasiada sequedad no está humedecida por la humedad adecuada.

FIN DEL LIBRO TERCERO [CUARTO] SOBRE LAS PIEDRAS

COMENTARIO

La afirmación final de este Libro IV de la *Physica* de Santa Hildegarda establece firmemente que desde el punto de vista divino, carece de utilidad medicinal para los seres humanos cualquier otra piedra que no haya sido mencionada. Se confirma así la tendencia perceptible a la utilidad decreciente de las piedras a partir del capítulo 20, «Cristal de roca»; pues la utilidad real de las oolitas, la cornalina y la cal es muy limitada, y las perlas y el alabastro carecen de utilidad medicinal.

RESUMEN DE LAS UTILIDADES DE ESTAS PIEDRAS

1. ESMERALDA

- Es poderosa contra toda debilidad y enfermedad humana.
- Pone mejor a quien le duela el corazón, el estómago o el costado.
- Cesan de inmediato las tempestades de la peste (Retortijones. Diarreas).
- Cura y reaviva el espíritu de quien sufre un ataque de epilepsia.
- Pone mejor a quien le duela mucho la cabeza.
- Disminuye el exceso de flema y de saliva.
- Mata los gusanos que comen las heridas humanas.

2. JACINTO

- Sana los ojos y aclara la vista nublada, y los ojos turbios o supurantes.
- Cura al doliente hechizado por fantasmagorías o fórmulas mágicas, y que está perdiendo el juicio. Deshace las fantasmagorías (Obsesiones. Alucinaciones. Sugestiones. Víctimas de la propaganda. Esquizofrenia. Psicosis).
- Falta de concentración.
- Pone mejor a quien le duele el corazón.

3. Ónice

- Tiene gran poder contra las enfermedades que nacen del aire (Contagios por vía aérea. Malaria. Efectos del *föhn*).
- Aclaran y sanan los ojos enturbiados o enfermos de cualquier manera, con pérdida de vista.
- Desaparece el dolor del corazón y del costado.
- Purga y sana el estómago.
- Sana el bazo doloroso para que no duela más.
- Cesa y desaparece suavemente la fiebre de quien tenía mucha.
- Cesa la opresión de la mente triste (Depresión. Ansiedad).
- Mejorarán los bueyes aquejados de pestilencia.

4. Berilo

- Expulsa el veneno ingerido. (Antídoto de intoxicaciones y drogodependencias).
- Permanecer tranquilo sin peleas ni litigios.

5. Sardónice

- Tiene vigorosas energías en su naturaleza.
- Da fuerza a cada uno de los cinco sentidos y es un remedio especial para ellos.
- Fortalece la inteligencia, el conocimiento y los sentidos corporales.
- Alejan del hombre la ira vehemente, la estupidez y el desorden.
- Alivia la libídine, favorece la castidad
- Evita las recaídas en la fiebre.
- El diablo lo huye lleno de odio.
- Neurodermitis.

6. Zafiro

- Simboliza el pleno amor a la sabiduría.
- Reduce y desvanece la excrecencia de la conjuntiva.
- Sana y aclara los ojos enrojecidos e irritados a causa del dolor, así como la vista nublada.
- Quita la gota del enfermo inmovilizado e impaciente por la mucha opresión de cabeza y del resto del cuerpo.
- Da pura inteligencia y buen conocimiento al hombre que la desea, y en especial a quien carezca de ciencia y malicia y quiera ser prudente.
- Sana el estómago.
- Extingue la ira.
- Ayuda a liberar posesos.
- Libera a la mujer o al hombre de pretendientes amorosos indeseados.

7. Sardo

- Es puro.
- Aparta las contrariedades de la peste (Epidemias, enfermedades infecciosas y virales. Herpes zóster).
- Cura al hombre que está casi sin juicio a causa del dolor de cabeza por culpa de múltiples pestes y enfermedades.
- Recupera el oído quien está sordo a consecuencia de una enfermedad.
- Cura la fiebre alta con escalofríos, piel ardiente y toda clase de malestares.
- Cura la ictericia.
- Cura a la preñada que está en dolores pero no nace el niño.

8. Topacio

– Contiene poco aire y poca agua. No soporta la suciedad, el veneno ni ninguna clase de mal o maldad.
– Se pone a sudar si tiene cerca un veneno (Previene intoxicaciones).
– Aclara la vista como el mejor colirio posible (Vista nublada. Cataratas. Glaucoma. Retinopatía diabética).
– Sana la fiebre.
– Mejora al leproso (si es que no muere), y le rompe la lepra. (Dermatitis. Psoriasis).
– Sana el bazo y disminuye la podre interior de quien sufre del bazo o tiene podredumbre en su interior, casi como si se estuviera pudriendo por dentro (Infecciones. Envenenamiento de la sangre. Septicemia. Leucemia).
– El maligno se aparta horrorizado del topacio. (Ayuda a orar).
– Aparta los ultrajes.

9. Crisólito

– Tiene una virtud casi vital; si tiene cerca polluelos, salen del huevo antes de tiempo.
– Acelera el crecimiento. (Dificultades de desarrollo. Niños con algún tipo de retraso).
– Pone mejor a quien tenga fiebre.
– Pone mejor a quien le duela el corazón.
– Afirma el saber de quien lo lleve consigo. (Memoria. Prevención de la demencia senil y la enfermedad de Alzheimer).
– No faltarán buen conocimiento y buen arte a quien lo lleve (Habilidad profesional).
– Los espíritus del aire lo aborrecen.

10. Jaspe

- Tiene distintos calores.
- Recupera la audición de quien esté sordo. (Dolor de oídos. Molestias en el oído).
- Disuelve varias enfermedades endocrinas
- Alivia la congestión nasal y destapa la nariz rápida y suavemente (Constipado. Alergia. Sinusitis. Catarro crónico).
- Quita la gota y las tempestades de humores, es decir la gota del el corazón, la riñonada o de cualquier otro miembro (Dolor de corazón. Regulariza el corazón. Ciática. Lumbago. Dolor de costado. Dolores reumáticos. Codo de tenista. Neuralgia del trigémino. Dolores articulares y musculares. Cólico biliar).
- Hace huir las fantasmagorías y amenazas de los sueños. Sueños de rayos y truenos (Pesadillas. Insomnio. Alucinaciones. Temores).
- Mantiene alejados a los espíritus malignos.
- Quien lucha en espíritu, o quiere hacerse idea clara de lo que le atrae, o concibe grandes proyectos o necesita consejo, la fuerza del jaspe pasa a su entendimiento y lo refuerza y lo refrena para que no divague y tenga las cosas claras, y así le ayuda a conseguir algo verdaderamente útil.
- Atrapa los estados de ánimo inestables que vuelven inestable la mente, y da clara inteligencia.
- Evita que en el parto los malignos espíritus dañen al niño o a la madre. (Infección puerperal).
- Las serpientes dejan de respirar donde se ponga jaspe.

11. Prasio

- Hace cesar la fiebre ardiente (Alergia. Insolación. Escarlatina. Sarampión. Rubeola).
- Mejora cualquier golpe causado por caídas o impactos (Contusiones. Cardenales. Heridas. Tiros. Quemaduras. Trombosis).

12. Calcedonia

- Tiene buenas virtudes.
- Puesta sobre una vena, ésta y la sangre reciben su virtud y su calor, lo llevan a todas las venas y al resto de la sangre. (Venas. Sangre. Sistema circulatorio. Tensión arterial).
- Desvía del ser humano las enfermedades (Protege de caer enfermo).
- Da una mente muy fuerte contra la ira, una mansedumbre casi imposible de provocar (Nervios templados. Situaciones de estrés. Enfermedades autoagresivas desencadenadas por la rabia y la furia, como neurodermitis, hepatitis, bronquitis y nefritis. Trastornos del climaterio).
- Modo constante del hablar (Mudez. Tartamudez. Dislexia. Confianza. Miedo escénico.)
- Ayuda a decir sabiamente lo que se dice (Elocuencia. Claridad expositiva. Respuesta oportuna).

13. Crisoprasa

- Tiene energía nocturna cuando la luna está en cuarto creciente.
- Cesa la gota en cualquier parte que atormente (Articulaciones dolorosas. Artritis. Anquilosamiento. Dolores reumáticos).
- Impide al hombre encolerizado proferir palabras airadas hasta que se aquiete su cólera.
- Quita fuerza al veneno (Intoxicaciones).
- Alivia los ataques de epilepsia nocturnos.
- Expulsa a los demonios menos fuertes y tortura y debilita a los más fuertes. Criterio para distinguir demonios fuertes y débiles (Obsesos. Infestados. Esquizofrenia. Enfermedades cerebrales. Psicosis).

14. Carbunclo

- Luce más por la noche que por el día. Es una piedra rara y su virtud rara y temible. Debe emplearse con mucho temor y solicitud.

- Reprime y expulsa cualquier enfermedad que invada al hombre y altere sus humores. Fiebre. Gota (Desequilibrio endocrino. Peste. Epidemia. Defensas bajas: sensibilidad a las corrientes y a los cambios de tiempo, agotamiento, somnolencia, exposición a radiaciones dañinas de repetidores, televisiones, radares, ordenadores, móviles y microondas).
- Pero si permanece demasiado tiempo sobre la piel atraviesa el cuerpo y lo seca.
- Mejora a quien tenga dolor de cabeza.
- Prolonga mucho la vida de vestidos y cosas, y dificulta que se pudran.
- Ahuyenta los espíritus del aire y no les deja realizar del todo sus fantasmagorías.
- (El Dr. Strehlow añade a estas utilidades una acción benéfica durante el climaterio y la menstruación, así como sobre la sangre y la tensión arterial).

15. Amatista

- Hay muchas amatistas; crecen como una secreción.
- Quita las manchas de la cara y da cutis suave y buen color de rostro.
- Quita cualquier bulto que empiece a hincharse en cualquier parte del cuerpo (Ganglios. Quistes. Nódulos. Hematomas. Lobanillos. Hinchazones).
- Cura las mordeduras de araña (Picaduras de insecto. Garrapatas)
- Ahuyenta las serpientes y las víboras, que evitan el lugar donde haya amatistas.
- (A las utilidades anteriores, el Dr. Strehlow añade el refuerzo de las defensas en casos de desintoxicación, estados precancerosos, cáncer, y dolores causados por metástasis).

16. Ágata

- Cura las picaduras superficiales que no penetren en la carne. (Tóxicos sobre la piel).
- Quien la lleve sobre la piel será capaz, sensato y prudente en sus palabras, pues lo mismo que una mala hierba en la piel a veces hace salir una pústula o una úlcera, así también ciertas piedras preciosas puestas sobre la piel, hacen sana y sensata a la persona con su virtud. Sensatez (Prudencia. Miedo a los exámenes. Fracaso escolar. Retraso. Sobreexcitación. Hiperactivos).
- Epiléptico lunático.
- Los lunáticos recuperan en cinco meses el juicio y la buena salud si Dios no lo prohibe (Cleptomanía. Sonambulismo. Manías. Borracheras periódicas. Adicciones)
- Cura en diez meses la epilepsia, si Dios quiere.
- Quita fuerza a los ladrones para cumplir sus propósitos, y si roban hace que obtengan menos provecho.

17. Diamante

- Extingue la malignidad y el mal de hombres silenciosos que si hablan miran ásperamente, y se les va la cabeza con brotes de locura.
- Aparta del ser humano la furia, la mentira y la cólera.
- Disminuye el hambre y permite ayunar más tiempo. (Alcoholismo. Tabaquismo. Drogadicción. Bulimia. Hambre por diabetes).
- Cesa la gota que inmoviliza al ser humano, aunque sea tan fuerte que amenace romper los miembros. Disminuye la hemiplejia (Prevención del infarto. Secuelas del infarto)
- Cura la ictericia.
- El diablo está enemistado con esta piedra porque resiste a su poder, por lo cual la desdeña tanto de noche como de día.

18. Magnetita o Piedra imán

- Esta piedra tiene fuego útil e inútil.
- Si su fuego útil se aviva con saliva humana sana y caliente, desaparecen los humores nocivos que trastornan el intelecto de quien esté enfurecido o atrapado por alguna alucinación y recuperará su sensatez (Alucinaciones. Esquizofrenia. Obsesiones. Fanáticos. Sectarios).

19. Ligurio

- Una piedra hermosa que cuaja en la tierra y es más tierna que las demás piedras. No se sabe qué piedra puede ser.
- Purga, purifica y cura el estómago cuando duele mucho, si no hay riesgo de muerte. Los sanos no deben emplear este remedio porque escindiría su mente y dañaría su corazón.
- Disuelve la orina que no puede salir.

20. Cristal de roca

- Saca los malos humores del ojo que nublan la vista (Mala vista. Cataratas).
- Quita los granos y forúnculos del cuello (Escrofulosis.)
- Disminuye el bulto que se inflama en la garganta (Anginas. Tiroides. Hipertiroidismo. Hipotiroidismo. Bocio. Paperas. Nódulos fríos).
- Mejora el dolor de corazón, de estómago o de vientre.
- Quita urticarias y picores.
- (Alivia el síndrome descrito por Strehlow: Taquicardia, fibrilación, insomnio, nervios, palpitaciones, mareos, ansiedad, trastornos circulatorios, pérdida de tono muscular, desvanecimientos).

21. Margaritas

- Son limpias.
- Son oolitas y pisolitas.
- Depuran el agua.
- Mejoran la fiebre.
- Curan el dolor de cabeza.

22. Perlas

- Son como veneno y ponen débil y enfermo a quien se las pone en la piel y su carne se calienta con ellas.

23. Cornalina

- Corta la hemorragia nasal.

24. Alabastro

- Es tibio y casi no tiene medicina en sí.

25. Caliza

- Aglutina con su fuego tierra y arena.
- Si la comieran hombres o animales domésticos los destruiría y haría enfermar.
- Cura a quien los gusanos le comen alguna parte del cuerpo.
- Impide la podredumbre de la lana.

LAS PIEDRAS PRECIOSAS DEL SUMO SACERDOTE

Entre las instrucciones que Moisés recibió en el Sinaí estaba la de instituir un Sumo Sacerdote que tendría las responsabilidades de interlocutor del Altísimo, representante del pueblo ante Dios y portavoz de Dios ante el pueblo. A Moisés se le prescribieron con todo detalle las riquísimas vestiduras de jacinto, oro, púrpura, doble grana y fino lino torzal que portaría el Sumo Sacerdote, en las que debían engarzase las siguientes piedras preciosas:

- En cada una de las hombreras un ónice, grabado cada uno con los nombres de seis de los hijos de Israel, por orden de edades[1].
- Un riquísimo pectoral doble, de un palmo cuadrado, llamado *efod,* colgado de cadenillas de oro sobre el pecho de la veste litúrgica. El efod llevaría engastadas cuatro filas de piedras preciosas, en cada una de las cuales estaría grabado, también por orden de edades, el nombre de cada uno de los hijos de Jacob[2]. Los nombres de estas piedras son como sigue, según las distintas traducciones:

1 (Ex. 9-12)
2 (Ex. 15-21)

Original hebreo	Vulgata, versión Torres Amat	Vulgata, versión de la Conferencia Episcopal Española	Versiones alemanas de la Biblia, traducidas al español
Odem	**Sárdica** (sic)	**Cornalina**	**Sardo**
Pitdá	Topacio	Topacio	Topacio
Barequet	Esmeralda	Esmeralda	Esmeralda
Nocek	**Carbunclo**	**Rubí**	**Rubí**
Sappir	Zafiro	Zafiro	Zafiro
Yahalom	**Jaspe**	**Diamante**	**Diamante**
Leshem	**Rubí**	**Ópalo**	**Jacinto**
Shebó	Ágata	Ágata	Ágata
Ahlamá	Ametisto (sic)	Amatista	Amatista
Tarshish	Crisólito	Crisólito	Crisólito
Shoham	Ónix	Ónice	Ónice
Yashpé	**Berilo**	**Jaspe**	**Jaspe**

LAS PIEDRAS PRECIOSAS DEL APOCALIPSIS

En su penúltimo capítulo, el Apocalipsis de San Juan anuncia que tras la victoria final bajará del Cielo una ciudad que es la novia y esposa del Cordero: la Jerusalén Celestial «resplandeciente como una piedra preciosísima de jaspe cristalino»[1]. Sus murallas serán de jaspe transparente[2], los fundamentos del muro de la ciudad estarán adornados de piedras preciosas, y sus puertas serán doce perlas[3]. Las piedras preciosas que adornan los fundamentos de cada puerta son, según las distintas traducciones:

VERSIÓN ESPAÑOLA	VERSIÓN ALEMANA
Jaspe	Jaspe
Zafiro	Zafiro
Calcedonia	Calcedonia
Esmeralda	Esmeralda
Sardónice	Sardónice
Cornalina	**Sardo**
Crisólito	Crisólito
Berilo	Berilo
Topacio	Topacio
Ágata	**Crisoprasa**
Jacinto	Jacinto
Amatista	Amatista

1 Ap. 21, 11
2 Ap. 21, 18
3 Ap.21, 19-21

LAS FAMILIAS DE PIEDRAS DE SANTA HILDEGARDA

Cuarzos, (óxidos de silicio)

Cuarzos de cristal grande:
Cap. 11 Prasio, cristales verdes.
" 15 Amatista, prismas con punta, violáceos.
" 20 Cristal de roca, prismas con punta, transparentes.

Cuarzos de cristales microscópicos:
" 3 Ónice, negro o blanco y negro.
" 5 Sardónice, blanco y crema.
" 7 Sardo, marrón.
" 10 Jaspe, con manchas.
" 12 Calcedonia gris, blancuzca, azulada.
" 13 Crisoprasa, verde puerro.
" 16 Ágata bandas, concéntricas.
" 23 Cornalina, anaranjada.

Aluminio

a) Silicatos, de aluminio.
Cap. 6 Lapislázuli, azul opaco con manchas.
" 8 Topacio imperial, prisma con punta, amarillos y transparentes.

b) Berilos, (silicatos dobles de aluminio y berilo).

Cap. 1 Esmeralda, verde jungla.
" 4 Berilo (aguamarina), transparente y azul verdoso muy pálido.

c) Corindones, óxidos de aluminio.
" 6 Zafiro, azul oscuro.
" 14 Rubí, rojo violáceo.

Calcio

Cap. 21 Margaritas, oolitas, bolitas blancas.
" 22 Perlas, nacaradas.
" 24 Alabastro, traslúcido.
" 25 Caliza, blanca.

Hierro

Cap. 9 Olivino, verde amarillento, como vidrio.
" 18 Magnetita, gris oscuro.

Sin familia

Cap. 2 Circón, rojo a marrón.
" 17 Diamante, muy brillante.
" 19 Ligurio, desconocido.

VOCABULARIO

amencia: insana, falta de juicio.
asterismo: estrella luminosa en el interior de una gema
birrefringencia: diferencia entre los índices de refracción más alto y más bajo de una gema, que dan lugar a imágenes dobles.
brillo: reflexión de la luz en una gema.
cabujón: tallado en curva para formar una semiburbuja.
caliza: roca sedimentaria con más del 50% de calcita.
caras: los planos externos de un cristal.
criptocristalino o microcristalino: formado de cristales solo visibles al microscopio.
cristal: un objeto sólido con estructura atómica regular y bien definida.
cuarcita: roca sedimentaria o metamórfica compuesta de cuarzo recompuesto a partir de cuarzos preexistentes.
dicroismo: una gema presenta dos colores diferentes según se la mire.
disolvente: disolución es la mezcla homogénea molecular de dos o más sustancias; a la más abundante se le suele llamar disolvente, y soluto a la menos abundante; en realidad no hay más diferencia entre ambas, que de cantidad. En estas piedras el disolvente fue generalmente agua, y el soluto ácido silícico.
doblete: gema artificial formada pegando dos piezas entre sí.
drusa: cavidad de roca tapizada de cristales del mismo mineral que la roca. Drusa y geoda son oquedades tapizadas de cristales, pero la drusa del mismo mineral y la geoda, de distinto.

espelta: (Triticum spelta) trigo duro con cáscara, parecido a la escanda o escaña del Norte de España.

dureza: resistencia a rayarse, que se mide de uno a diez en la escala de Mohs.

exfoliación: plano donde la estructura atómica es más débil y la ruptura más fácil.

fractura: rotura de una piedra preciosa que no depende de su estructura atómica.

fuego: al separarse por difracción en una gema los componentes de la luz blanca provocan resplandores que parecen salir de su interior: Es el «fuego» de la gema.

gabro: roca básica de las profundidades marinas que apenas se ve en superficie.

galanga: (Alpinia galanga), raíz de la familia del jengibre conocida como «Jengibre negro», muy usada en la cocina oriental y fácil de encontrar en tiendas de indios.

garbanzo: es el tamaño más pequeño de gravilla.

geoda: cavidad de una roca ocupada parcial o totalmente por cristales.

granito: roca profunda formada por cuarzo, feldespato y mica.

grava: conjunto de guijarros.

gravilla: conjunto de guijarros pequeños.

guijarro: canto rodado, una piedra pelada y sin picos ni aristas, de tamaño inferior al puño.

hábito: la forma en que se encuentra un cristal en la Naturaleza

hidrotermal: formado a partir de disoluciones en agua caliente.

inclusiones: oquedades, marcas o cuerpos extraños en el interior de un cristal.

índice de refracción: medida del cambio de velocidad y ángulo de la luz en una gema.

laja: en general lastra, plancha de roca o gran estrato, muchas veces inclinado; pero aquí se ha empleado esta palabra para las lonchas o rebanadas de piedra a la venta en los comercios.

lengua de ciervo: (Asplenium escolopendrium, Phillitis escolopendrium), helecho cervuno, hierba de la sangre, escolopendra, cervuna.

macla: agrupación de cristales simétricos respecto a un plano.

magma: el manto de roca fundida bajo la corteza terrestre.

masivo: dícese del mineral que no tiene forma definida.

ojo de gato: efecto luminoso de algunas gemas talladas en cabujón, en las que brilla en el centro una raya luminosa.

pegmatita: roca de color claro que procede de las profundidades en la que los minerales están colocados paralelamente y embutidos en feldespato.

placer: es un depósito concentrado de minerales de aluvión más densos que el resto. Donde el río pierde velocidad, los materiales más densos se remansan, detienen y entierran en acumulos llamados placeres.

pleocroísmo: la gema muestra distinto color según se la mire.

polvo: en gemología, el procedente de pulverizar una gema.

quilate: unidad de peso para gemas, equivalente a 0,2 gramos. No debe confundirse con el quilate de oro, que mide en 1/24 partes la pureza del metal (el oro de 24 quilates debería ser totalmente puro).

rábano picante: (*Armoaria cochlearia*), jaramago, rábano rusticano, un pariente del rábano común muy estimado por sus propiedades medicinales.

raya: la que deja una gema al frotarla en porcelana áspera.

refracción: el cambio de velocidad, y en consecuencia, de dirección, que sufre la luz al pasar de un medio a otro.

roca: material compuesto de dos o más minerales.

roca básica: una roca eruptiva con pocos silicatos (menos del 52%).

sintéticas: gemas que se han producido artificialmente combinando sus elementos a gran presión y temperatura.

sobresaturada: se dice de una disolución en la que se ha disuelto la mayor cantidad posible de soluto a temperatura más alta que la normal, porque el aumento de temperatura aumenta la solubilidad. Cuando baja la temperatura, el disolvente admite menos soluto, que se precipita para formar cristales.

soluto: es la materia que está disuelta en un disolvente, como el azúcar en el agua.

tenacidad: es la resistencia a romperse.

zonada: dícese de la gema que tiene más o menos color en distintas zonas o bandas, como la amatista.

BIBLIOGRAFÍA

EDICIONES LATINAS DE LAS OBRAS DE SANTA HILDEGARDA

MIGNE, J.-B.: *Patrología Latina*, Tomo 197. Paris, 1855. Contiene: *Liber Scivias, Liber Divinorum Operum, Liber Simplicis Medicinae (Physica)* , la *Vita* y las obras menores.

PITRA, J. P. Cardenal: *Analecta Sanctae Hildegardis. Tomus* 8. Paris: *Tipis Sacri Montis Casinensis,* 1882. Contiene el *Liber Vitae Meritorum*

KAISER, Paul, ed.: *Liber Causae et Curae.* Berlín: Teubner, 1903.

AUTENTICIDAD DE LOS ESCRITOS

SCHRADER, Marianne y FÜHRKÖTTER, Adelgundis: *Die Echtheit des Schrifttums der heiligen Hildegard von Bingen, Quellenkritische Untersuchungen,* Böhlau Verlag, Köln/Graz, 1959. Crítica histórica que confirma la autenticidad de los manuscritos de Santa Hildegarda.

Ediciones en español de las obras médicas de Santa Hildegarda

RENEDO HIJARRUBIA, Rafael, trad. y ed.: *Libro de la medicina sencilla.* Akron, 2009

KURT, Pablo y PUYOL, José María, trad.: *Libro de las causas y remedios de las enfermedades.* Edición pro-manuscrito, Hildegardiana, 2012.

Las obras *Scivias* y *Divinorum Operum* contienen también numerosas indicaciones fisiológicas y médicas.

Biografías recomendadas

PERNOUD, Régine: *Hildegarda de Bingen.* Una conciencia inspirada del siglo XII. Madrid: Paidos, 2000. Breve y excelente.

OHANNESON, Joan : *Una luz tan intensa. Hildegard von Bingen.* Barcelona : Grupo Zeta, 1997

Lapidarios antiguos

PLINIO EL VIEJO: *Lapidario.* Madrid: Alianza Editorial, 1993

SAN ISIDORO DE SEVILLA: *Etimologías.* Libro XVI. www. elalmanaque. com/ etimologias/ etimo. htm

HERRERA, María Esther, trad., ed.; *Liber Lapidum de Marbodio de Rennes.* París: Les Belles Lettres, 2005. Un excelente y concienzudo trabajo

ALFONSO X EL SABIO: *Lapidario.* es.scribd.com/doc/ 7357386/ Alfonso-X-El-Sabio-Lapidario. Véase también la Biblioteca Virtual del Instituto Miguel de Cervantes. Treinta piedras para cada signo del zodíaco.

BEST, Michael R., y BRIGHTMAN, Frank H., eds.: *The Book of Secrets Of Albert Magnus Of the Virtues of Herbs, Stones, and Certain Beasts, Also a Book of the Marvels of the World.* Boston/MA: Weiser

Books, 2004 (reedición de Oxford University Press, 1973). Un libro de magia negra, probablemente apócrifo.

LAPIDARIOS MODERNOS

GIENGER, Michael: *Die Heilsteine der Hildegard von Bingen.* 1997. Munich: Mosaik Verlag Gmb, 1997. Es su visión personal del lapidario de Santa Hildegarda.

STREHLOW, Wighard: *Die Edelstein-Heilkunde der Hildegard von Bingen.* Augsburg: Weltbild, 2006. Lapidario que incluye la experiencia acumulada por el Dr. Strehlow.

BUSBEY, Arthur et alia : *Rocas y fósiles.* Barcelona : Planeta, 1997

GARRIDO, Luis: *Gran diccionario de las piedras curativas.* Madrid : Libro Hobby, 2011

HALL, Cally : *Piedras preciosas.* Barcelona : Omega, 1994.

LUSCHEN, Hans: *Die Namen der Steine,* Ott Verlag, Thun, 1979. Sobre los nombres actuales y antiguos de las gemas.

WILSON, Mab : *Gemas.* Barcelona : Aura 1988

MEDICINA HILDEGARDIANA

BREINDL, Ellen: *Das grosse Gesundheitsbuch der Hl. Hildegard von Bingen.* Aschaffenburg: Pattloch, 1983. Vida y obras de Santa Hildegarda con sus consejos y recetas para una vida más sana.

HERTZKA, Gottfried: *Das wunder der Hildegard-Medizin,* Aschaffenburg: Pattloch-Verlag, 1981. Una visión de conjunto de la vida y obras de Santa Hildegarda, con especial atención a la medicina hildegardiana.

HERTZKA, Gottfried und STREHLOW, Wighard: *Küchegeheimnisse der Hildegard-Medizin.* Freiburg im Breisgau: Hermann Bauer, 1983. Recetas de cocina según los consejos de Santa Hildegarda.

HERTZKA, Gottfried: *So heilt Gott,* Christiana Verlag, Stein am Rhein, 2003. Remedios de medicina hildegardiana

HERTZKA, Gottfried und STREHLOW, Wighard: *Große Hildegard-Apotheke,* Christiana Verlag, Stein am Rhein, 2003. Remedios de medicina hildegardiana

POSCH, Helmut: *Was ist der Hildegard-Medizin?* Weinbergweg, A-4800 St. Georgen/ Attergau (Austria). Muy interesante autoedición de los 20 primeros boletines de la Liga de Santa Hildegarda.

El Dr. Wighard STREHLOW es autor de una cuantiosa producción hildegardiana, superior a la veintena de libros, que recogen multitud de casos y aspectos prácticos:

STREHLOW, Wighard: *Einführung in die Hildegard-Medizin,* Lüchow Verlag, Stuttgart, 2004. Introducción a la medicina hildegardiana.

STREHLOW, Wighard: *Die klassische Hildegard-Heilkunde — das Gesundheitsprogramm.* Un programa para mejorar la salud mediante dieta y remedios hildegardianos.

STREHLOW, Wighard: *Die Ernährungstherapie der Hildegard von Bingen, Rezepte, Kuren, Diäten,* Lüchow Verlag, Stuttgart, 2003. La cocina de Santa Hildegarda.

STREHLOW, Wighard: *Hildegard-Heilkunde von A-Z,* Droemer Knaur Verlag, München, 2000. Medicina hildegardiana, enfermedades y remedios por orden alfabético.

STREHLOW, Wighard: *Die Psychotherapie der Hildegard von Bingen — Heilen mit der Kraft der Seele,* Lüchow Verlag, Stuttgart, 2004. Sobre el Libro de los Merecimientos de la Vida.

STREHLOW, Wighard: *Hildegard of Bingen's Spiritual Remedies,* Healing Arts Press, Rochester, Vermont

STREHLOW, Wighard: *La guerison du corp et l'esprit,* Editions Dangles, Saint-Jean-De-Braye, France.

DIRECCIONES DE INTERÉS

A) SANTA HILDEGARDA

Hildegardiana. Los amigos de Santa Hildegarda:

www.hildegardiana.es

El primer portal que ofrece la obra de Santa Hildegarda en español

Hildegard-Zentrum Bodensee. Dr. Wighard Strehlow.
Strandweg 1, D 78476 Allensbach am Bodensee. Alemania

www.hildegardmed.com y www.st-hildegard.com

Helmut Posch. Weinbergweg, (Presidente de la Liga de Santa Hildegarda)
A-4800 St. Georgen/ Attergau (Austria)

Hildegard-Vertriebs AG,
Aeschenvorstadt 24, CH-4010 Basel, Suiza

B) Minerales

Son muchos los comercios de minerales, gemas, abalorios, bisutería y esotéricos en los que pueden conseguirse las piedras de Santa Hildegarda. Por ejemplo, una ciudad española relativamente pequeña como Gijón cuenta con dos comercios especializados (Joyasrubio. Apartado postal 6173, E-33203, www.joyasrubio.com y «La princesa de Samarkanda», Avda. Castilla 9, 1-B., E- 32203, laprincesadesamarkanda.com). Recuerde que es preferible buscar piedras en bruto.

Las ferias de minerales, mercadillos y lugares de intercambio son numerosas en toda España, con carácter anual, mensual e incluso semanal las mañanas de domingo. Muy completos el museo y mercadillo de minerales de la Escuela Superior de Minas de Madrid (con el añadido del Museo Geológico y Minero contiguo), Calle Ríos Rosas 21, 28003 Madrid, (Metro Ríos Rosas), el primer domingo de cada mes. En la misma Escuela radica el

Grupo Mineralogista de Madrid. 679 678 020, www.gmmadrid.es

ÍNDICE TEMÁTICO

A

B

C

D

E

F

G

H

I

J

L

M

N

O

P

Q

R

S

T

U

V

Z